쉬운 단어로
1분 영어 말하기

지은이 에스텔
펴낸이 임상진
펴낸곳 (주)넥서스

초판   1쇄 발행 2020년 8월 28일
초판 37쇄 발행 2024년 1월 5일

2판 1쇄 발행 2024년 7월 1일
2판 5쇄 발행 2024년 8월 20일

출판신고 1992년 4월 3일 제311-2002-2호
주소 10880 경기도 파주시 지목로 5
전화 (02)330-5500 팩스 (02)330-5555

ISBN 979-11-6683-873-6 13740

www.nexusbook.com

순수 국내파, 영어 교육 전문가 에스텔 저자의
체계적인 영어 스피킹 훈련 프로그램

쉬운 단어로
1분 영어
말하기

에스텔 지음

넥서스

내 생각과 경험을
자유롭게 영어로 말할 수는 없을까?

대부분의 학습자들은 영어 공부를 시작할 때 문장부터 외우게 됩니다. 상황별 문장을 정리한 회화 책을 외우거나 스피킹 시험을 앞두고 예시 템플릿을 외우기도 하죠. 많은 문장을 외우는 것은 좋은 학습법이지만 분명 한계점도 있습니다. 한 문장씩 외워나가는 것을 어려워하는 독자들이 분명 있습니다. 결국 한두 문장 외우다가 작심삼일로 포기하기 일쑤입니다. 물론 외우는 것을 잘하는 독자들도 있지만 독학이나 스터디 모임을 통해 영어책 한 권을 다 외워도 막상 외국인 앞에서는 입이 전혀 안 떨어졌다는 후기를 많이 듣게 됩니다.

외운 대로 읊는 게 아니라 문장 구조를 머릿속에 탑재해 내가 하고 싶은 말을 쉽게 말할 수 있어야 합니다. 원어민들이 실제 대화에서 쓰는 문장 구조를 익혀야 합니다. 이게 어려울 것 같지만 그렇지가 않습니다. 저는 원어민과의 대화나 영화, 드라마 스크립트를 오랜 시간 분석하면서 비슷한 문장 구조가 계속 반복되는 걸 정리할 수가 있었습니다. 그중 30~40%는 주어와 동사가 하나씩만 들어간 '단순한 문장'이고 나머지 60~70%가 '길고 디테일한 문장'입니다. 긴 문장도 알고 보면 단순한 문장 두 개를 붙여 말하는 것에 불과합니다. 원어민이 아주 가끔씩 쓰는 복잡하고 어려운 문장 구조는 굳이 배울 필요가 없습니다.

원어민들이 반복해 말하는 쉬운 문장 구조를 머릿속에 탑재할 수만 있다면, 내가 이미 아는 쉬운 단어만 쏙쏙 넣어 내 생각을 바로 말할 수 있을 뿐만 아니라, 원리를 알기 때문에 영어 문장 암기도 훨씬 쉬워집니다. 저 같은 경우도 23살에 영어 말하기 공부를 시작했을 때 영어 문장이 외워지지 않고 재미가 없어 작심삼일을 반복한 경험이 있습니다. 하지만 원어민 머릿속에 들어 있는 문장 구조를 익힌 후 내 생각을 말하기가 쉬워지고, 또 영어 문장이 잘 외워져 자연스럽게 영어 말하기가 되었습니다. 문장을 쉽게 말하고 쉽게 외울 수 있다면 그 문장들을 나열해 '단순한 문장'과 '길고 디테일한 문장'을 적절히 섞어가며 1분 이상 내 생각과 경험을 자유롭게 말할 수 있습니다.

이 책은 원어민들이 매일 쓰는 쉬운 동사 7개로 시작합니다. 개정판을 맞이해 7개 동사 표현을 더욱 풍부하게 담았습니다. 이 표현들만을 이용해 영어의 모든 문장 구조를 배운 후, 1분 말하기에서 활용합니다. 단계를 밟아가며 점점 영어로 1분 이상 말하기가 가능해지는 놀라운 경험을 해 보세요.

저자 에스텔

이 책의 활용법

1 쉬운 단어로 시작하기

이미 알고 있는 쉬운
단어로 하고 싶은 말을
할 수 있어요.

2 문장 구조 익히기

원어민들이 가장
자주 쓰는 단문 구조를
익혀 보세요.

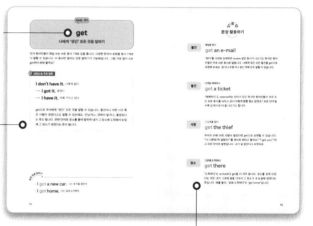

3 문장 활용하기

앞서 배운 표현들이 어떻게
활용되는지 예문과 설명을 통해
확인해 보세요.

4 실전 표현 연습하기

제시된 한글을 영어로 바꿔 말하는
연습을 해 보세요. 바로 영어가
튀어나올 때까지 연습하세요.

PART 3

❶ 실전 말하기 연습

Part 1 & 2에서 배운 단어와 문장을 활용하여
다양한 주제로 1분 말하기를 할 수 있어요.

실전 말하기 연습 1

1분간 간단하게 자기소개를 해 보세요.

제 이름은 김동수이고, 막 서른 살이 되었어요. 저는 강남 대치동에 살아요. 저희 동네에 오시면 많은 학원들을 보실 수 있어요. 저 대학에서 역사를 전공했고 현재 교육 분야에서 일하고 있습니다. 저는 고등학생들에게 세계사를 가르치고 있어요. 저는 또한 유튜버이기도 해요. 집에서 시간 날 때마다 많은 학생들이 세계사를 쉽게 배울 수 있도록 영상을 만들고 있어요. 대부분의 제 구독자분들은 수능 시험에서 세계사 영역을 선택하기로 한 학생들이에요. 당신은 무슨 일을 하세요?

My name is Dongsu Kim and I just turned 30. _____ Daechi-dong _____ Gangnam. You can see a lot of Hagwons in my neighborhood. _____ history and now I work in education. I teach world history to high school students. I'm _____ as well. As long as I have time at home, I make videos to help students learn world history easily. Most of my subscribers are students who decided to choose the world history part for the college entrance exam. _____ for work?

단어 및 표현

neighborhood 동네, 이웃   major 전공하다   education 교육   world history 세계사
high school student 고등학생   learn 배우다   subscriber 구독자   choose 선택하다
part 영역   college entrance exam 수능

252

실전 말하기 연습 2

1분간 간단하게 자기소개를 해 보세요.

제 이름은 이정인이고, 막 서른 다섯 살이 되었어요. 저는 안양에 살아요. 경제학을 전공했고 현재 하나은행에서 일하고 있어요. 저는 은행 창구 직원으로 중요한 은행 업무를 수행해요. 저는 두 아들의 엄마이기도 해요. 집에서 시간 날 때마다 남편과 저는 아이들과 수학 놀이를 해요. 둘 다 숫자 놀이와 집짓기 블록을 좋아해요. 저희는 저축이 얼마나 중요한지 아이들에게 가르치려고 노력해요. 당신은 무슨 일을 하세요?

My name is Jungin Lee and I just turned 35. _____ Anyang. _____ economics and now I work at Hana Bank. I carry out important banking services as a bankteller. _____ of two sons as well. As long as I have time at home, my husband and I play math games with my boys. Both of them like number games and building blocks. We try to teach them how important saving money is. _____ for a living?

단어 및 표현

economics 경제학   carry out 수행하다   important 중요한   banking service 은행 업무   bankteller 은행 창구 직원   building block 집짓기 블록   math game 수학 놀이   number game 숫자 놀이   saving money 저축하기

253

- **PART 1**   단순한 문장으로 하고 싶은 말의 **30%**를 말할 수 있다.
- **PART 2**   길고 풍부하고 디테일한 문장으로 나머지 **70%**를 말할 수 있다.
- **PART 3**   학습한 문장들을 활용하여 1분 동안 말할 수 있다.

무료 MP3 & 해설강의 듣는 방법

- 스마트폰으로 책 속의 QR코드를 인식하세요.
- www.nexusbook.com에서 | 1분 영어 말하기 | 를
  검색해서 음원을 다운로드 받을 수 있습니다.

CONTENTS

PART 02

PART 03

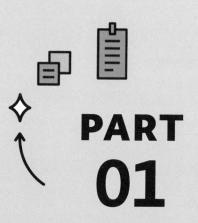

PART
01

단순한 문장으로 하고 싶은 말의 30%를 말할 수 있다.

자신의 생각을 영어로 자유롭게 말하는 사람을 보면 '나는 언제쯤 저렇게 말할 수 있을까?' 하는 생각이 듭니다. 하지만 그들이 1분 동안 말한 내용을 받아 적어 보면 어떨까요? 평균 10문장 정도 됩니다.

보통 그중에 3문장은 '주어 + 동사 하나'가 들어간 단순한 문장(단문), 나머지 7문장이 길고 고급스러운 문장입니다.

영어의 길고 고급스러운 문장도 알고 보면 단문 두세 개를 붙여 말하는 구조입니다. 따라서 먼저 단문을 자신 있게 말할 수 있는 게 중요합니다.

get
나에게 '생긴' 모든 것을 말하기

먼저 원어민들이 매일 쓰는 쉬운 동사 7개로 입을 틉니다. 다양한 한국어 표현을 동사 7개로 다 말할 수 있습니다. 이 동사만 알아도 단문 말하기가 가능해집니다. 그럼 가장 많이 쓰는 get부터 배워 볼까요?

뉘앙스 & 구조 설명

I don't have it. 나에게 없다.

→ **I got it.** 생겼다.

→ **I have it.** 이제 가지고 있다.

get으로 주어에게 '생긴' 모든 것을 말할 수 있습니다. 물건이나 어떤 사건 혹은 사람이 생겼다고도 말할 수 있는데요. 만났거나, 연락이 닿거나, 붙잡았다는 뜻도 됩니다. 관련 단어로 장소를 붙여 말하면 내가 그 장소에 도착해서 눈앞에 그 장소가 생겼다는 뜻이 됩니다.

실전 적용 말하기

· **I got** a new car. 나는 새 차를 뽑았어.

· **I got** home. 나는 집에 도착했어.

문장 활용하기

물건

메일을 받다
get an e-mail

'받다'를 사전에 검색하면 receive 같은 동사가 나오기도 하지만 원어민들은 주로 쉬운 동사로 말합니다. 나에게 생긴 모든 물건을 get으로 표현해 보세요. 받거나 주웠거나 생긴 것에 모두 말할 수 있습니다.

물건

티켓을 예매하다
get a ticket

'예매하다'도 reserve라는 단어가 있긴 하지만 원어민들이 자주 쓰는 쉬운 동사를 놔두고 굳이 어렵게 말할 필요 없겠죠? 쉬운 단어일수록 입 밖으로 더 잘 나오기도 합니다.

사람

그 도둑을 잡다
get the thief

주어의 손에 어떤 사람이 닿았다면 get으로 표현할 수 있습니다. "너 나한테 딱 걸렸어!"를 영어로 뭐라고 할까요? "I got you!"라고 쉬운 단어로 말한답니다. 내가 널 잡았다고 표현하죠.

장소

그곳에 도착하다
get there

'도착하다'는 arrive보다 get을 더 자주 씁니다. 장소를 갖게 되었다는 것은 내가 그곳에 발을 디뎌서 그 장소가 내 눈앞에 생겼다는 뜻입니다. 예를 들어, '집에 도착하다'는 'get home'입니다.

다양한 표현을 쉬운 동사로 말해 보세요.

① 메시지를 받다

② 문자를 받다

③ 새 차를 뽑다

④ 취직하다

⑤ 머리를 자르다

⑥ 독감 주사를 맞다

⑦ 커피를 주문하다

⑧ 눈이 많이 오다

⑨ 환불을 받다

⑩ 할인을 받다

⑪ 새 컴퓨터를 장만하다

⑫ 포인트를 쌓다

⑬ 테이블을 맡다

⑭ 좌석을 확보하다

⑮ 라식 수술을 받다

여러 번 입으로 연습하면서 외워 두세요.

❶ get a message

❷ get a text

❸ get a new car

❹ get a job

❺ get a haircut

❻ get a flu shot

❼ get a coffee

❽ get a lot of snow

Tip 비가 많이 온다고 말할 땐 'get a lot of rain'이라고 해요.

❾ get a refund

❿ get a discount

⓫ get a new computer

⓬ get points

⓭ get a table

⓮ get a seat

⓯ get Lasik surgery

have

내가 '가진' 모든 것을 말하기

get 다음으로 자주 쓰는 동사가 have입니다. get이 생긴 그 순간을 말한다면 have는 완전히 내 것이 되었을 때 쓸 수 있습니다. 물건, 외모, 인간관계, 몸속으로 들어오는 음식, 질병, 내가 가진 꿈과 목표 같은 생각도 말할 수 있어요.

뉘앙스 & 구조 설명

I don't have it. 나에게 없다.

→ **I got it.** 생겼다.

→ **I have it.** 이제 가지고 있다.

'취직하다'를 영어로 뭐라고 했었죠? 직업이 막 생겼기 때문에 'get a job'입니다. 하지만 '직업이 있다'라고 말하고 싶다면 그 직업이 완전히 내 것이 된 상태이기 때문에 'have a job'이라고 합니다.

실전 적용 말하기

· I have a job. 저는 직장이 있어요.

· I have insurance. 저 보험에 가입되어 있어요.

물건, 서비스

보험에 들어 있다
have insurance

'들어 있다', '가입되어 있다' 같은 동사도 주어가 그것을 가지고 있다는 뜻이기 때문에 have를 이용해 말할 수 있습니다. "저 여행자 보험(에 들어) 있어요."라고 말한다면 "I have traveller's insurance."

몸

건성 피부이다
have dry skin

해외에서 화장품을 살 때 "저는 건성 피부예요."라고 말하려면 "My skin is 건성 피부."라고 할까요? 'I have ~'라고 하면 됩니다. "I have dry skin(건성) / oily skin(지성) / normal skin(중성)." 처럼 말이죠.

가족, 인간관계

출산하다 / 자녀가 있다
have a baby

'아이'라는 새로운 가족이 생긴 것을 have로 말합니다. '출산하다'라는 어려운 단어가 있을 것 같지만 그렇지 않죠. 출산 이후 자녀가 있다는 뜻까지 모두 이 표현으로 말합니다.

질병

배탈이 나다
have a stomachache

'배탈이 나다', '복통을 호소하다' 모두 have로 말합니다. "속이 뒤집어질 정도로 심한 배탈이 났다."라고 말하고 싶다면? upset '화난'이라는 단어를 붙여서 "I have an upset stomach."

다양한 표현을 쉬운 동사로 말해 보세요.

① 꿈이 있다

② 머리가 아프다

③ 친구가 많다

④ 열이 나다

⑤ 아들만 둘이 있다

⑥ 아침을 먹다

⑦ 감기에 걸리다

⑧ 점이 있다

⑨ 다래끼가 나다

⑩ 자신 있다

⑪ 머리가 짧다

⑫ 건물주이다(건물이 있다)

⑬ 가정이 있다

⑭ 재미있다

⑮ 통증이 있다

여러 번 입으로 연습하면서 외워 두세요.

① have a dream

② have a headache

③ have a lot of friends

④ have a fever

⑤ have two sons

⑥ have breakfast
> Tip 'a dream'처럼 a가 붙는 경우와 breakfast처럼 안 붙는 경우는 Part 2에서 배웁니다.

⑦ have a cold
> Tip 감기에 걸린 그 순간은 'get a cold', 이후 감기에 쭉 걸려 있는 상태를 'have a cold'라고 합니다.

⑧ have a mole

⑨ have a stye
> Tip 다래끼가 난 순간은 'get a stye', 이후 다래끼가 쭉 나 있는 상태를 'have a stye'라고 합니다.

⑩ have confidence

⑪ have short hair

⑫ have a building

⑬ have a family

⑭ have fun

⑮ have pain

take

내가 지금 '가지려고' 하는 모든 것을 말하기

take는 노력을 통해서 '가지려고' 하는 것을 말할 수 있습니다. 음식을 맛있게 먹어서 내 몸으로 들어오는 것은 have로 말합니다. 하지만 약은 먹기 싫어도 효능을 '갖기' 위해 먹는다는 의미로 'take my medicine'이라는 표현을 씁니다.

 뉘앙스 & 구조 설명

I have breakfast. vs. I take my medicine.

아침을 먹는다. 약을 복용한다.

take를 좀 더 쉽게 이해하려면 손을 뻗어서 내 쪽으로 가져오려고 하는 동작을 상상하면 됩니다. '갖다', '차지하다', '취하다', '잡다' 모두 가능합니다. 택시를 잡아 타는 것도, 샤워기를 잡는 것도 take로 말할 수 있습니다.

실전 적용 말하기

· I took a taxi. 저 택시 탔어요.

· I took a shower. 저 샤워했어요.

문장 활용하기

교통수단

택시 / 버스 / 지하철을 타다

take a taxi / a bus / the subway

택시를 잡을 때 손을 뻗어 멈추고, 문을 내 쪽으로 잡아당겨 타죠? take의 뉘앙스와 잘 어울립니다. 한 대씩 잡는 택시나 버스는 a taxi, a bus이지만 지하철은 노선이 정해져 있기 때문에 the subway라고 합니다.

물건

샤워 / 목욕하다

take a shower / a bath

손으로 샤워기를 잡고 내 쪽으로 끌어당기는 모습을 take로 표현합니다. 목욕 타월을 내 쪽으로 가져와 문지르는 모습도 상상해 볼까요? 관련 단어 '샤워(a shower)', '목욕(a bath)'를 붙여 말합니다.

장면

사진을 찍다

take a picture / a photo

사진을 찍는 것은 내 눈앞에 보이는 장면을 캡처하듯 가져오는 것입니다. 내가 가지려는 모습이 결국 사진으로 남는 거지요. 손을 뻗어 카메라 잡고 셔터를 누르는 모습을 상상해도 좋습니다.

시간

30분이 걸리다

take 30 minutes

시간이 걸린다는 것은 그만큼의 시간을 잡아먹는다는 뜻이죠. 잡아야 한다는 의미에서 take를 쓸 수 있습니다. 시간이 걸리는 것은 사람과 상관이 없기 때문에 이때는 사람 주어가 아닌 it을 씁니다.

실전 표현 연습하기

다양한 표현을 쉬운 동사로 말해 보세요.

1 비타민을 복용하다

2 보충제를 섭취하다

3 내 손을 잡다

4 내 팔을 잡다

5 번호표를 뽑다

6 전화를 받다

7 여권 사진을 찍다

8 수업을 듣다

9 강좌를 수강하다

10 심호흡을 하다

11 위험을 감수하다

12 조치를 취하다

13 휴식을 취하다

14 (쇼핑 중) 청재킷을 선택하다

15 (도둑이) 내 가방을 가져가다

여러 번 입으로 연습하면서 외워 두세요.

1. take vitamins

2. take supplements
   Tip supplements는 비타민 외 철분, 아연 등 모든 식품 보조제를 말합니다.

3. take my hand

4. take my arm

5. take a number

6. take a call

7. take a passport photo

8. take a class

9. take a course

10. take a deep breath
    Tip take는 가져온다는 뜻이니 깊은 숨을 몸속으로 들이마시는 느낌입니다.

11. take a risk

12. take action

13. take a break

14. take the jean jacket

15. take my bag

do
내가 '매일 하는 것'을 말하기

get, have, take는 주어에게 '무언가가 생긴다'는 뜻이지만 지금부터 배울 do, make, go는
주어가 '어떤 행동을 한다'는 뜻입니다. 일상적으로 자주 하는 행동을 표현할 때는 do를 쓰
고, 어쩌다 한 번 그 사건을 만들어 낼 때는 make를 씁니다.

💡 뉘앙스 & 구조 설명

I do yoga.
나는 요가를 한다.

매일 또는 자주 하는 집안일, 업무, 숙제, 운동을 do로 표현합니다. 축구 같은 스
포츠는 'play soccer'라고 말하지만 자기 계발로 일주일에 두세 번씩 하는 요가
같은 운동은 do로 말합니다. '요가하다', '설거지하다'처럼 한국어가 '~하다'로
끝나는 경우 do로 말하는 경우가 많습니다.

실전 적용 말하기

· **I do** the dishes every day. 저는 매일 설거지를 해요.

· **I do** yoga every day. 저는 매일 요가해요.

문장 활용하기

집안일

설거지를 하다
do the dishes

do 다음에 집안일과 관련된 단어를 붙이면 됩니다. 설거지는 쌓여 있는 그릇에 대한 행동이죠. 그릇이 여러 개라 복수형 dishes로 말하고, 더럽게 쌓여 있는 '그 그릇'이란 뜻으로 the를 붙입니다.

과제 활동

숙제를 하다
do my homework

학생들은 매일 숙제를 합니다. 내가 꼭 해야 하는 과제라는 뜻으로 my, your 등을 붙입니다. 직장인이라면 회사일을 하겠죠. 회사에서 내 업무를 한다고 할 땐 home 없이 'do my work'라고 합니다.

운동

필라테스를 하다
do Pilates

스포츠와 다르게 자기 계발로 매주 하는 운동은 do로 말할 수 있다고 했죠. 요가를 '하다', 필라테스를 '하다'처럼 '하다'에 해당되는 것이 바로 do입니다. 그밖에 'do cardio(유산소를 하다)', 'do weight training(근력 운동을 하다)', 'do ballet(발레를 하다)', 'do CrossFit(크로스핏을 하다)', 'do Zumba(줌바를 하다)'처럼 말할 수 있어요.

신체

내 머리를 손질하다
do my hair

미용실에 가서 머리를 자르거나 파마하는 것이 아니라 매일 아침마다 머리를 빗고 묶거나 손질하는 것은 자주 하는 행동이기 때문에 do로 말할 수 있습니다.

다양한 표현을 쉬운 동사로 말해 보세요.

① 집안일을 하다

② 집안일 / 허드렛일을 하다

③ 빨래를 하다

④ 다림질을 하다

⑤ 청소기를 돌리다

⑥ 화장을 하다

⑦ 머리를 묶다

⑧ 내 손톱을 손질하다

⑨ 공예를 하다

⑩ 사무를 보다

⑪ 나에게 호의를 베풀다

⑫ 조사를 하다

⑬ 최선을 다하다

⑭ 내 역할을 다하다

⑮ 내 할 일을 하다

여러 번 입으로 연습하면서 외워 두세요.

1 do the housework

2 do the chores

3 do the laundry

4 do the ironing

5 do the vacuuming

6 do my makeup

7 do a ponytail

8 do my nails

9 do crafts
> **Tip** '가죽 공예를 하다'는 'do leather crafts', '비즈 공예를 하다'는 'do bead crafts', '종이 공예를 하다'는 'do paper crafts'라고 해요.

10 do office work

11 do me a favor

12 do some research

13 do my best

14 do my job

15 do my stuff

make
어쩌다 한 번 '만들어 내는' 일을 말하기

do가 일상에서 자주 하는 일을 표현한다면 make는 어쩌다 한 번 만들어 내는 특별한 사건을 표현할 수 있습니다. '약속하기'나 '예약하기'처럼 말이죠.

 뉘앙스 & 구조 설명

I made a promise.
약속을 했다.

동사 make에 '약속'이란 뜻의 명사 a promise를 붙여 '약속을 만들어 내다'처럼 말할 수 있습니다. 약속을 잡고, 친구를 사귀고, 실수를 하는 등 주어가 가끔씩 만들어 내는 사건에 대해 make로 표현할 수 있습니다.

 실전 적용 말하기

· I made a promise to myself. 제 자신에게 약속했어요.

· I made a reservation for a hotel room.
호텔방을 예약했어요.

문장 활용하기

사건 실수를 하다
make a mistake

실수를 매일 하는 사람은 없습니다. 가끔 어쩌다 한 번씩 실수하는 상황을 만들어낼 때가 있죠. make 동사에 '한 번의 실수, 사건'을 뜻하는 'a mistake'를 붙여서 표현합니다.

소음 시끄럽게 하다
make noise

물건을 떨어뜨리는 등 우당탕탕 시끄러운 소음을 만들어냈다는 뜻으로 씁니다. 'make a noise'는 한 가지 종류의 소리를 냈다는 뜻이고, 'make noises'는 여러 종류의 소리를 냈다는 뜻입니다. 일반적으로는 소음을 유발했다는 뜻으로 noise로 말합니다.

인간관계 친구를 사귀다
make a friend

인간관계는 have로 표현할 수 있었죠? "나는 친구가 많다."를 "I have a lot of friends."라고 말했죠. 하지만 친구를 처음 사귈 때는 인간관계를 새롭게 만들어 내기 때문에 make로 표현합니다.

약속 예약하다
make a reservation / an appointment

'예약하다'라는 말을 할 때 두 가지로 말합니다. 호텔이나 좌석 등 '장소'를 예약할 때는 'make a reservation', 미용실, 병원 등 서비스를 받기 위해 '사람'과의 약속을 할 때는 'make an appointment'라고 합니다.

다양한 표현을 쉬운 동사로 말해 보세요.

❶ 말썽을 피우다

❷ 지저분하게 만들다

❸ 소란을 피우다

❹ 변화를 만들다

❺ 많은 돈을 벌다

❻ 시간을 내다

❼ 소원을 빌다

❽ 맹세를 하다

❾ 변명을 하다

❿ 좋은 인상을 심다

⓫ 제안을 하다

⓬ 결정을 내리다

⓭ 리스트를 만들다

⓮ 전화를 걸다

⓯ 영상/영화를 제작하다

여러 번 입으로 연습하면서 외워 두세요.

1 make trouble

2 make a mess
> Tip mess는 지저분하고 엉망진창인 상태를 뜻합니다.

3 make a fuss
> Tip fuss는 호들갑, 야단법석, 작은 소동이란 뜻입니다.

4 make a difference

5 make a lot of money

6 make time

7 make a wish

8 make a vow

9 make excuses

10 make a good impression

11 make a suggestion

12 make a decision

13 make a list

14 make a call

15 make a video/movie

go

'돌아다니는' 일을 말하기

사람은 여기저기 이동을 하기 때문에 go는 자주 쓰일 수밖에 없는 동사입니다. 학교에 다니고, 회사를 가고, 휴가도 떠나니 go를 이용해 말할 일이 참 많겠죠? 동사 go 다음에 붙여서 말할 수 있는 단어는 장소, 목적, 활동 등 다양합니다. 관련 단어에 따라 문장이 조금씩 달라집니다.

뉘앙스 & 구조 설명

I go to school.
학교에 간다.

vs.

I go on a vacation.
휴가를 간다.

학교는 장소이기 때문에 '~쪽으로'라는 뜻의 전치사 to를 붙입니다. 하지만 '휴가'라는 단어는 장소가 아니기 때문에 to를 쓰지 않습니다. 이렇게 달라지는 부분은 총 네 가지입니다. 단어에 따라 to, on, for, -ing를 붙여 말하는 것인데요. 예문을 통해 배워 보세요.

실전 적용 말하기

· I will go on a vacation. 나는 휴가를 갈 거야.

· I will go shopping. 나는 쇼핑하러 갈 거야.

문장 활용하기

to 장소

서울에 가다
go to Seoul

구체적인 지명 이름을 to 다음에 바로 붙여서 말합니다. 자신이 소속된 학교, 회사는 'go to school', 'go to work'이라고 하지만, 어쩌다 한 번 가는 장소는 앞에 the를 붙여서 'go to the concert(그콘서트를 가다)'처럼 말합니다.

on 장기 목적

휴가를 떠나다
go on a vacation

on은 '불이 켜지듯 특별한 일이 시작된다'는 뜻으로, 휴가(a vacation), 여행(a trip), 출장(a business trip), 관광(a tour), 소풍(a picnic) 등과 함께 씁니다.

for 가벼운 목적

점심 먹으러 가다
go for lunch

휴가처럼 며칠 이상 집중하는 것이 아니라 가벼운 목적으로 나가는 것은 for를 씁니다. '산책하러 가다(go for a walk)', '저녁 먹으러 가다(go for dinner)'처럼 말이죠. for는 '~를 위하여'라는 뜻이라 잘 어울립니다.

-ing 활동

쇼핑하러 가다
go shopping

-ing 형태의 단어는 go 다음에 바로 붙여서 말할 수 있습니다. 활동하는 것을 -ing로 표현합니다. 쇼핑(shopping), 수영(swimming), 조깅(jogging) 같은 단어들은 모두 go 다음에 바로 붙여 말할 수 있습니다.

다양한 표현을 쉬운 동사로 말해 보세요.

1. 학교/대학교/대학원에 가다

2. 회사에 가다

3. 자러 가다

4. 헬스장에 가다

5. 식료품점에 가다

6. 콘서트에 가다

7. 약국에 가다

8. 여행(출장)을 가다

9. 관광하러 가다

10. 소풍 가다

11. 산책하러 가다

12. 저녁 먹으러 가다

13. 수영하러 가다

14. 조깅하러 가다

15. 스키를 타러 가다

여러 번 입으로 연습하면서 외워 두세요.

① go to school / college / grad school
> Tip 내가 소속된 school, work와 매일 자러 가기 위한 bed 앞에는 아무것도 붙이지 않지만, 가끔 가는 장소는 특별함을 뜻하는 the를 붙입니다.

② go to work

③ go to bed

④ go to the gym

⑤ go to the grocery store
> Tip '장보러 가다'라는 표현을 할 때 씁니다.

⑥ go to the concert

⑦ go to the drugstore
> Tip '동네 병원에 가다'라는 'go to the doctor', '대형 병원에 가다'는 'go to the hospital'입니다.

⑧ go on a (business) trip
> Tip on 다음에는 특별한 하나의 사건을 뜻하는 a를 붙입니다.

⑨ go on a tour

⑩ go on a picnic

⑪ go for a walk
> Tip 산책하는 시간을 갖는다는 뉘앙스인 'take a walk'로도 말할 수 있습니다.

⑫ go for dinner

⑬ go swimming

⑭ go jogging

⑮ go skiing

be
가만히 있는 '그 주어'를 묘사하기

지금까지는 '갖다', '하다'처럼 모두 주어의 행동에 대해 말했습니다. 하지만 주어의 상태에 대해서도 말해야 할 때가 있는데, 이때 be동사를 씁니다. '기혼이다'가 영어로 뭘까요?

뉘앙스 & 구조 설명

I got married. vs. **I am married.**
결혼했다.(결혼식을 올렸다/행동)　　　　기혼이다.(결혼한 사람이다/상태)

새로운 물건이나 사건이 생기는 것을 get으로 표현할 수 있듯이, 미혼에서 기혼이 되는 새로운 일도 get으로 표현합니다. 하지만 결혼식을 올리는 '행동'이 아니라 주어가 현재 기혼인 '상태'라고 말할 때는 be동사를 씁니다.

실전 적용 말하기

· He is a student. 그는 학생이에요.

· I am in trouble. 저 큰일 났어요.

명사

학생이다
be a student

가만히 있는 그 사람에 대해 묘사할 때는 be동사를 씁니다. be동사 뒤에 이름, 직업, 출신, 나라 등을 말할 수 있습니다. 나이나 키 등 그 사람과 관련된 숫자도 가능합니다.

형용사

바쁘다
be busy

busy는 형용사이기 때문에 정확한 뜻은 '바쁜'입니다. '바쁘다(= 바쁜+상태이다)'처럼 동사로 말하려면 '상태이다'에 해당하는 be 동사와 함께 말해야만 합니다.

부사

떠나다 / 출근하지 않는다
be off

off는 '떨어지다'라는 뜻이 있는 전치사/부사입니다. 업무로부터 떨어져 있는 상태를 표현할 수 있습니다. "나도 낄래."는 "I'm in." 이라고 합니다. '끼다'라는 한국어 동사를 영어는 쉽게 be동사에 부사 in을 붙여 말할 수 있죠.

전치사 + 명사

큰일 나다
be in trouble

'큰일 나다'라는 동사는 영어에 따로 존재하지 않습니다. 주어가 trouble 안에 있다고 표현을 합니다. 영어는 쉬운 동사 하나로 다양한 상황을 묘사하는 것을 좋아합니다.

다양한 표현을 쉬운 동사로 말해 보세요.

① 선생님이다

② 단골이다

③ 걱정하다

④ 틀렸다

⑤ 부유하다

⑥ 뜨겁다

⑦ 부재중이다

⑧ 끝났다

⑨ 다이어트 중이다

⑩ 푹 빠져 있다

⑪ 집에 있다

⑫ 회사에 있다

⑬ 유행이다

⑭ 시간을 잘 지키다

⑮ 일 등을 하다

여러 번 입으로 연습하면서 외워 두세요.

① be a teacher

② be a regular customer

③ be worried

④ be wrong

⑤ be rich

⑥ be hot

⑦ be away
> Tip away는 사람들 눈에 띄지 않는 곳으로 멀리 갔다는 뜻입니다.

⑧ be over

⑨ be on a diet

⑩ be into

⑪ be at home

⑫ be at work

⑬ be in style

⑭ be on time
> Tip on에는 특별한 사건이 시작된다는 뜻이 있었죠? 시작 시간에 늦지 않고 온다는 뜻입니다.

⑮ be in first place
> Tip '일 등으로 들어왔다'는 뜻으로 'came in first place', 또는 '일 등 자리를 차지했다'는 뜻으로 'take first place'로도 말할 수 있어요.

현재 / be + -ing / be going to
다양한 시제로 말하기

'요가하다'라는 표현을 '요가하는 중이에요', '요가하려고요'처럼 바꿔 말하는 것이 문장 말하기의 시작입니다. 지금까지 배운 쉬운 동사 표현을 다양한 시제로 바꿔 가며 단문으로 연습해 봅시다.

 동사를 바꾸지 않고 그대로 말하면 현재형입니다. 주기적으로 반복되어 주어가 매번 일어난다고 느끼는 행동을 말합니다.

· I do yoga every day.

   난 매일 요가해. (매일 혹은 주기적으로 계속한다는 느낌, every day와 어울림)

 -ing는 '~하는 중인'이란 뜻으로, 생생하게 진행되는 행동을 묘사합니다.

· I am doing yoga now.

   나는 지금 요가하는 중이야. (지금 잠깐 하고 있는 중인 느낌, now와 어울림)

 be going to는 '~하려고 상황이 굴러가고 있다'라는 뜻으로, 계획을 말할 때 씁니다.

· I am going to do yoga.

   나 요가하려고. (계획을 말하는 느낌)

현재

나 아침을 먹어.

I have breakfast.

아침을 먹는 사람도 있고 안 먹는 사람도 있죠? 아침을 먹는다면 매일 반복되기 때문에 동사 형태 그대로 씁니다. "저는 원래 아침을 먹습니다."와 같은 뉘앙스로 '원래'라는 단어 없이도 현재형이 그 느낌을 보여 줍니다.

be -ing

나 아침 먹는 중이야.

I'm having breakfast.

I am처럼 따로 말해도 되지만, 'I'm[암]'처럼 줄여 한 번에 간단히 발음하는 경우가 더 많습니다. -ing를 붙여 생생하게 현재 하고 있는 중인 일을 캡처하는 듯한 느낌으로 말합니다.

be going to

나 아침 먹으려고 해.

I'm going to have breakfast.

아침을 만들어서 막 먹으려고 하는데, 친구가 전화해서 "너 뭐 하니?"라고 묻는다면 "아침 먹으려고."처럼 대답하겠죠? 지금 막 결심을 했다기보다는 이미 상황과 마음이 그쪽으로 굴러가고 있던 계획을 말할 때 씁니다.

차이점

차이점 비교하기

-ing / p.p. / to

모든 동사는 -ing(현재 느낌), p.p.(과거 느낌), to(미래 느낌)로 변신할 수 있습니다. 동사 do(하다)는 doing(하는 중인), done(했던), to do(할)로 바뀔 수 있죠. having은 '먹는 중', to have는 '먹을'이란 뜻입니다.

학습한 표현으로 다음 문장을 말해 보세요.

❶ 나 매일 샤워해.

❷ 나 샤워하는 중이야.

❸ 나 샤워하려고 해.

❹ 나 매일 설거지를 해.

❺ 나 설거지를 하는 중이야.

❻ 나 설거지를 하려고 해.

❼ 나 매일 필라테스를 해.

❽ 나 필라테스를 하는 중이야.

❾ 나 필라테스를 하려고 해.

❿ 나 매일 머리를 손질해.

⓫ 나 머리를 손질하는 중이야.

⓬ 나 머리를 손질하려고 해.

⓭ 걔네 매일 산책하러 가.

⓮ 걔네 산책하러 가는 중이야.

⓯ 걔네 산책하러 가려고 해.

다음 표현들은 1분 말하기에서 활용됩니다.

1 I take a shower every day.

2 I'm taking a shower.

3 I'm going to take a shower.

4 I do the dishes every day.

5 I'm doing the dishes.

6 I'm going to do the dishes.

7 I do Pilates every day.

8 I'm doing Pilates.

9 I'm going to do Pilates.

10 I do my hair every day.

11 I'm doing my hair.

12 I'm going to do my hair.

13 They go for a walk every day.

14 They are going for a walk.

15 They are going to go for a walk.
> Tip are going to(하려고) + go for a walk (산책하다)가 합쳐진 구조입니다.

과거 / have p.p.

다양한 시제로 말하기

한국어에도 '~했어요'와 '~한 적 있어요'와 같이 두 가지 문장 구조가 존재하듯이 영어도 마찬가지입니다. 첫 번째는 과거, 두 번째는 have p.p.로 표현합니다.

🐾 지금보다 이전에 일어난 일을 말할 때 과거 동사로 바꿔 말합니다. 한국어도 '하다'가 '했다'로 바뀌듯이 말이죠.

- I did yoga yesterday.

    나 어제 요가를 했어. (지금보다 예전에 일어난 일)

🐾 have p.p.는 과거의 경험을 현재로 끄집어내듯이 말합니다. 동사가 p.p. 형태로 바뀌면 do '하다'가 done '한'처럼 과거 느낌으로 바뀌죠. 'I have(저는 가지고 있어요) + p.p.(~한 일을, ~한 경험을, 쭉 ~해 온 일을)' 이런 뉘앙스입니다.

- I have done yoga before.

    나 전에 요가를 해 본 적 있어.

◇ ─────

과거는 지나간 일을 묘사하고 마는 것이고, have p.p.는 그런 사건, 경험이 지금까지 몇 번 있었다고 현재와 연결해 말하는 뉘앙스입니다. I have는 I've처럼 줄여서도 말합니다.

과거

나 지난달에 라식 수술을 받았어.

I **got** Lasik surgery last month.

어제(yesterday), 지난주(last week), 지난달(last month)과 같이 과거 시간과 말할 때는 무조건 과거 동사로 말합니다. 반면 have p.p.는 절대 과거 시간과 함께 쓰지 않습니다. have p.p.의 have가 현재형이기 때문입니다.

과거 만들기

나 어제 근력 운동을 했어.

I **did** weight training yesterday.

get → got / have → had / take → took / do → did / make → made / go → went / be → was, were

have p.p.

나 라식 수술을 받은 적이 있어.

I **have gotten** Lasik surgery.

have p.p.는 과거의 경험 때문에 지금 특별히 할 말이 있다는 뉘앙스입니다. '내가 라식 수술을 받은 적이 있어서 지금은 눈이 잘 보인다'라는 식으로 과거의 일 때문에 현재 어떻다고 말하고 싶은 뉘앙스입니다.

p.p. 만들기

나 전에 근력 운동을 해 본 적이 있어.

I've **done** weight training before.

get → got[gotten] / have → had / take → taken / do → done / make → made / go → gone / be → been

실전 표현 연습하기

학습한 표현으로 다음 문장을 말해 보세요.

① 나 어제 메일을 하나 받았어.

② 나 막 메일 하나를 받았어.

③ 나 어제 새 차를 뽑았어.

④ 나 막 새 차를 뽑았어.

⑤ 나 어제 독감 주사를 맞았어.

⑥ 나 전에 독감 주사를 맞은 적이 있어.

⑦ 나 어제 약을 복용했어.

⑧ 나 막 내 약을 복용했어.

⑨ 나 어제 요가를 했어.

⑩ 나 전에 요가를 해 본 적이 있어.

⑪ 나 어제 가죽 공예를 했어.

⑫ 나 전에 가죽 공예를 해 본 적이 있어.

⑬ 나 어제 맹세를 했어.

⑭ 나 전에 맹세를 한 적이 있어.

⑮ 나 어제 약속을 하나 했어.

다음 표현들은 1분 말하기에서 활용됩니다.

❶ I got an e-mail yesterday.

❷ I've just gotten an e-mail.

❸ I got a new car yesterday.

❹ I've just gotten a new car.

❺ I got a flu shot yesterday.

❻ I've gotten a flu shot before.

❼ I took my medicine yesterday.

❽ I've just taken my medicine.

❾ I did yoga yesterday.

❿ I've done yoga before.

⓫ I did leather crafts yesterday.

⓬ I've done leather crafts before.

⓭ I made a vow yesterday.

⓮ I've made a vow before.

⓯ I made a promise yesterday.

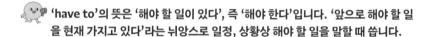

Unit. 10

have to / have been -ing

다양한 시제로 말하기

have는 사건이나 경험을 갖고 있다는 뜻으로, to를 붙이면 '앞으로 해야 할 어떤 일을 갖고 있다', been -ing를 붙이면 '지금까지 해 온 어떤 일을 갖고 있다'라는 의미가 됩니다.

'have to'의 뜻은 '해야 할 일이 있다', 즉 '해야 한다'입니다. '앞으로 해야 할 일을 현재 가지고 있다'라는 뉘앙스로 일정, 상황상 해야 할 일을 말할 때 씁니다.

• I have to do yoga.

  나 요가를 해야 해. (요가 수업 시간상 해야 하는 상황)

'have been -ing'는 'have p.p.(해 온 일이 있다)'와 '-ing(~하는 중)'가 합쳐져 '해 오고 있는 중이다'라는 뜻입니다. 지금까지 어떤 일을 해 왔고 지금도 열심히 하는 중일 때 이 구조로 말합니다. 이때 얼마 동안 해 오고 있는 중인지 시간이나 기간과 함께 말하는 경우가 많습니다.

• I have been doing yoga for two hours.

  나 두 시간 동안 요가를 하고 있어. (두 시간 전부터 시작해서 지금도 하고 있는 중)

have to

나는 약을 복용해야 해.

I have to take my medicine.

to do list에 앞으로 해야 할 일을 써 놓죠? 이렇게 to에는 미래의 느낌이 있습니다. 처리해야 할 일들을 가지고 있다는 느낌이 have to 입니다.

must / should

나는 약을 복용해야 해.

I must/should take my medicine.

'~해야 한다'의 의미인 have to와 비슷하게 must와 should도 해야 한다는 뜻입니다. must는 '의무적으로 해야 한다', should는 '누가 하라고 해서 해야 한다'입니다.

have been -ing

나는 약을 복용해 오는 중이야.

I have been taking my medicine.

약을 꾸준히 복용해 왔으며 지금도 복용 중이라면 'have been -ing'로 말할 수 있습니다. 기간도 함께 말하고 싶다면 for와 함께 씁니다. 3개월 동안 복용해 오는 중이라면 'for three months'를 마지막에 붙입니다.

비교

have p.p.

나 막 내 약을 복용했어.

I have just taken my medicine.

'have p.p.'는 앞서 배웠듯이 과거에 일어난 일을 끄집어내서 말하는 뉘앙스예요. 그에 반해 'have been -ing'는 지금도 열심히 하고 있는 중이라는 상황을 좀 더 강조하는 뉘앙스입니다.

학습한 표현으로 다음 문장을 말해 보세요.

❶ 나는 테이블 맡아야 해.

❷ 나는 환불을 받아야 해.

❸ 나는 취직을 해야 해.

❹ 나는 독감 주사를 맞아야 해.

❺ 나는 강좌를 수강해야 해.

❻ 나는 여권 사진을 찍어야 해.

❼ 나는 청소기를 돌려야 해.

❽ 나는 장을 보러 가야 해.

❾ 나는 서울에 가야 해.

❿ 나는 사무 업무를 3개월 동안 해 오는 중이야.

⓫ 나는 요가를 3개월 동안 해 오는 중이야.

⓬ 나는 필라테스를 3개월 동안 해 오는 중이야.

⓭ 나는 가죽 공예를 3개월 동안 해 오는 중이야.

⓮ 나는 영상 제작을 3개월 동안 해 오는 중이야.

⓯ 나는 헬스장을 3개월 동안 다니는 중이야.

다음 표현들은 1분 말하기에서 활용됩니다.

1. I have to get a table.

2. I have to get a refund.

3. I have to get a job.

4. I have to get a flu shot.

5. I have to take a course.

6. I have to take a passport photo.

7. I have to do the vacuuming.

8. I have to go to the grocery store.

9. I have to go to Seoul.

10. I have been doing office work for three months.

11. I have been doing yoga for three months.

12. I have been doing Pilates for three months.

13. I have been doing leather crafts for three months.

14. I have been making videos for three months.

15. I have been going to the gym for three months.

must / will / would / should

다양한 어조로 말하기

내 생각을 말하다 보면 강하거나 약한 어조로 바꿔서 말해야 할 일이 많습니다. '무조건 ~해야 합니다!'와 같은 강한 어조, 또는 '아마 ~할 듯해요'처럼 약한 어조로 말이죠.

must로 말하면 가장 강한 어조입니다.

- **I must do yoga.**

  나 무조건 요가를 해야 해. (안 하면 몸에 큰일이 난다는 과장된 느낌)

will은 큰일이 나는 건 아니지만 하겠다는 강력한 의지와 결심을 보여 줍니다.

- **I will do yoga.**

  나 요가를 할 거야. (결심해서 꼭 하겠다는 느낌)

더 부드럽고 약한 어조는 would입니다. '할 것이다'가 '하고 싶다'로 부드러워집니다.

- **I would like to do yoga.**

  나 요가하고 싶어. ('like(하고 싶다)'와 잘 쓰이며 앞으로 하고 싶은 것을 to로 말합니다.)

내 마음과 상관없이 다른 사람의 조언, 추천 때문에 해야겠다는 느낌입니다.

- **I should do yoga.**

  나 요가를 하는 게 좋겠어. (의사가 추천해서 하면 좋겠다는 느낌)

must

나는 무조건 손톱을 정리해야 해.

I must do my nails.

손톱 건강에 문제가 생겨서 안 하면 큰일이 날 것 같을 때, 강한 어조로 must를 씁니다. 만약 주어를 you로 말한다면 강하게 명령하는 듯한 어조입니다. "You must do your nails."는 "너 무조건 손톱을 정리해야 해."라는 뜻입니다.

will

나는 손톱을 정리할 거야.

I will do my nails.

손톱을 보니 정리를 해야겠다는 생각이 들어서 결심했을 때 will을 씁니다. will은 must처럼 '안 하면 큰일 난다'라는 느낌은 아니지만 would(하고 싶다)보다는 강한 어조입니다.

would

나는 손톱을 정리하고 싶어.

I would like to do my nails.

'하고 싶다'고 말할 때는 like to를 붙여 말하는 것을 좋아합니다. will은 반드시 하겠다는 어조이지만 would like to는 반드시는 아닙니다. 문득 하고 싶은 마음이 들었다는 어조입니다.

should

나는 손톱을 정리하는 게 좋겠어.

I should do my nails.

누군가가 내 손톱을 보고 정리 좀 하라고 조언을 해서, 나는 그다지 하고 싶진 않았지만 남의 생각이나 추천 때문에 해야 된다고 말할 때 should를 씁니다.

학습한 표현으로 다음 문장을 말해 보세요.

① 나는 무조건 취직해야 해.

② 나는 취직할 거야.

③ 나는 취직하고 싶어.

④ 나는 취직하는 게 좋겠어.

⑤ 나는 무조건 그 강좌를 수강해야 해.

⑥ 나는 그 강좌를 수강할 거야.

⑦ 나는 그 강좌를 수강하고 싶어.

⑧ 나는 그 강좌를 수강하는 게 좋겠어.

⑨ 나는 무조건 휴식을 취해야 해.

⑩ 나는 휴식을 취할 거야.

⑪ 나는 휴식을 취하고 싶어.

⑫ 나는 휴식을 취하는 게 좋겠어.

⑬ 나는 스키 타러 갈 거야.

⑭ 나는 스키 타러 가고 싶어.

⑮ 나는 약국에 가는 게 좋겠어.

다음 표현들은 1분 말하기에서 활용됩니다.

① I must get a job.

② I will get a job.

③ I would like to get a job.

④ I should get a job.

⑤ I must take the course.

⑥ I will take the course.

⑦ I would like to take the course.

⑧ I should take the course.

⑨ I must take a break.

⑩ I will take a break.

⑪ I would like to take a break.

⑫ I should take a break.

⑬ I will go skiing.

⑭ I would like to go skiing.

⑮ I should go to the drugstore.

can / could / may / might

다양한 어조로 말하기

can에 비해 could가 더 약하고 부드럽고 공손한 느낌입니다. may와 might는 가장 약하고 확신이 없는 말투입니다.

 can은 능력, 시간, 상황이 돼서 할 수 있다는 뜻입니다.

• I can do yoga.

   지금 요가할 수 있어. (시간이 되니까 할 수 있다는 느낌)

 상황이 안 되거나 시간이 부족해서 자신 없을 때 could로 말을 하며, 어조가 약해집니다.

• I could do yoga.

   요가를 할 수 있을 것 같아. (시간이 살짝 부족하다는 느낌)

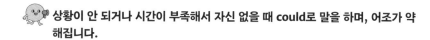 **may는 확신이 약한 어조입니다.**

• I may do yoga today.

   오늘 요가를 할지도 몰라. (확신이 없는 느낌)

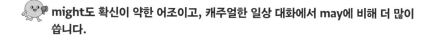 **might도 확신이 약한 어조이고, 캐주얼한 일상 대화에서 may에 비해 더 많이 씁니다.**

• I might do yoga today.

   오늘 요가를 할지도 몰라. (확신이 없는 느낌)

can

나 휴가를 갈 수 있어.

I can go on a vacation.

연차를 써서 휴가를 갈 수 있다고 가정할 때, 연차가 남아 있는 '상황상', 연차 일수가 넉넉하다는 '시간상', 여행 자금을 모아 놓은 '능력상' 할 수 있다면 can으로 말합니다.

could

나 휴가를 갈 수 있을 것 같아.

I could go on a vacation.

연차가 있기는 하지만 워낙 일이 많다 보니 상황상 조금 확신이 없거나, 시간도 부족할 것 같고, 여행 자금을 많이 모을 능력도 조금 부족합니다. 이렇게 상황, 시간, 능력이 조금 부족할 때 좀 더 약한 어조인 could로 말합니다.

may

나 휴가를 갈지도 몰라.

I may go on a vacation.

가장 강한 어조였던 must는 "I'm sure.(확실해.)"와 어울립니다. 반면 may나 might는 "I'm not sure.(확실하지 않아.)"와 어울립니다.

might

나 휴가를 갈지도 몰라.

I might go on a vacation.

may와 might 둘 다 확신이 떨어지는 약한 어조에 쓰지만 may는 좀 더 격식적인 상황에, might는 좀 더 캐주얼한 상황에서 씁니다.

학습한 표현으로 다음 문장을 말해 보세요.

1. 내가 변화를 만들 수 있어.

2. 내가 변화를 만들 수 있을 것 같아.

3. 내가 변화를 만들지도 몰라.

4. 내가 변화를 만들지도 몰라.

5. 내가 그 업무를 할 수 있어.

6. 내가 그 업무를 할 수 있을 것 같아.

7. 내가 그 업무를 할지도 몰라.

8. 내가 그 업무를 할지도 몰라.

9. 나 시간을 낼 수 있어.

10. 나 시간을 낼 수 있을 것 같아.

11. 나 대학원을 다닐지도 몰라.

12. 나 대학원을 다닐지도 몰라.

13. 나 쇼핑하러 갈 수 있어.

14. 나 쇼핑하러 갈 수 있을 것 같아.

15. 나 쇼핑하러 갈지도 몰라.

다음 표현들은 1분 말하기에서 활용됩니다.

❶ I can make a difference.

❷ I could make a difference.

❸ I may make a difference.

❹ I might make a difference.

❺ I can do the work.

❻ I could do the work.

❼ I may do the work.

❽ I might do the work.

❾ I can make time.

❿ I could make time.

⓫ I may go to grad school.

⓬ I might go to grad school.

⓭ I can go shopping.

⓮ I could go shopping.

⓯ I may go shopping.

Unit. 13

not
안 한다고 말하기

지금까지 말한 문장을 안 한다고 바꿔 말할 때는 not만 추가하면 됩니다. '주어 + 부정하는 동사(not) + 관련 단어'의 구조로, 부정하는 동사는 아래처럼 바꿔 말합니다.

 일반적인 동사 앞에는 do not(= don't)을 붙입니다.

- I don't have breakfast.

  나는 아침을 안 먹어.

 be동사 다음에는 not을 붙입니다.

- I am not at home.

  나는 집에 있지 않아.

 have p.p. 사이에 not을 붙입니다.

- They have not made a decision.

  그들은 결정을 내린 적이 없어.

 조동사 다음에 not을 붙입니다.

- You must not make a mess.

  너는 지저분하게 하면 안 돼.

문장 활용하기

do not

우리는 아침 안 먹어.

We don't have breakfast.

현재는 'do not(don't)', 과거는 'did not(didn't)'을 붙입니다. "아침을 안 먹었어."는 "I didn't have breakfast."입니다. He, She, It의 경우 doesn't로 말합니다. "그는 아침을 안 먹어."는 "He doesn't have breakfast."로 말할 수 있습니다.

am not

그는 집에 있지 않아.

He is not at home.

주어에 따라 'I am not / You, We, They are not / He, She, It is not'으로 말합니다. "그들은 집에 있지 않아."는 "They are not at home."으로 말합니다. "그는 집에 있지 않아."는 "He is not at home."으로 말합니다.

have not p.p.

우리는 결정을 내린 적이 없어.

We have not made a decision.

I, You, We, They 다음에는 'have not p.p.'로 He, She, It 다음에는 'has not p.p.'로 말합니다. not이 have와 p.p. 중간에 들어간다는 점 꼭 기억하세요.

must not

우리 지저분하게 하면 안 돼.

We must not make a mess.

모든 조동사 뒤에 not을 붙여 부정하는 문장을 말할 수 있습니다. "나는 지저분하게 하지 않을 거야."는 "I will not make a mess."로 "너 지저분하게 하지 않는 게 좋아."는 "You should not make a mess."로 말합니다.

학습한 표현으로 다음 문장을 말해 보세요.

① 난 꿈이 없어.

② 난 자신이 없어.

③ 난 전화를 받지 않았어.

④ 난 네 가방을 가져가지 않았어.

⑤ 그는 최선을 다하지 않고 있어.

⑥ 그는 그의 역할을 하지 않고 있어.

⑦ 난 변명하는 게 아니야.

⑧ 그는 사무실에 없어.

⑨ 그녀는 사무실에 없어.

⑩ 그들은 사무실에 없어.

⑪ 난 예약한 적 없어. (호텔)

⑫ 난 예약한 적 없어. (미용실)

⑬ 너 실수하면 안 돼.

⑭ 너 시끄럽게 하면 안 돼.

⑮ 너 회사에 안 가는 게 좋을 것 같아.

다음 표현들은 1분 말하기에서 활용됩니다.

① I don't have a dream.

② I don't have confidence.

③ I didn't take a call.

④ I didn't take your bag.

⑤ He is not doing his best.
> **Tip** be동사 뒤에 not을 붙이기 때문에 'be not –ing' 구조가 됩니다.

⑥ He is not doing his job.

⑦ I am not making excuses.

⑧ He is not at work.

⑨ She is not at work.

⑩ They are not at work.

⑪ I have not made a reservation.

⑫ I have not made an appointment.

⑬ You must not make a mistake.

⑭ You must not make noise.

⑮ You should not go to work.

Do you ~?

뭐 하는지 물어보기

do동사로 뭐 하는지를 물어볼 수 있습니다. be동사를 제외한 get, have, take, do, make, go는 모두 do동사에 속합니다. 영어로 물어볼 때는 문장 맨 앞의 '동사 가져오기' 자리에 do, does, did를 넣어 말합니다.

뉘앙스 & 구조 설명

	주어 +	동사 +	관련 단어?
동사 가져오기			
do	I	get	
	you	have	
	we	take	
	they	do	
does	he	make	
	she	go	
did	it	have to	

* 문장 맨 앞에 다음과 같은 의문사를 넣어서 말할 수도 있습니다.

who 누가   **what** 무엇   **which** 어떤   **when** 언제
where 어디서   **how** 어떻게   **why** 왜

실전 적용 말하기

· **When do you do yoga?** 너 언제 요가해?

do

너 요가해?

Do you do yoga?

Do you의 Do는 동사 가져오기 자리를 채우는 구조일 뿐입니다. 실제 '요가하다'라는 의미는 뒤에 있는 'do yoga?'에 있습니다. 똑같은 do이지만 이 둘을 헷갈리지 않도록 주의하세요. 의문사도 말하고 싶다면 맨 앞자리에 넣습니다.

does

그 여자는 요가해?

Does she do yoga?

주어 he, she, it과 관련된 동사는 -s로 끝나는 경우가 많습니다. 말할 때는 헷갈릴 수 있으니 입으로 연습해 두세요. 'Does he ~', 'Does she ~', 'Does it ~' 다음에 붙여 말합니다.

did

너 요가했어?

Did you do yoga?

과거 행동에 대해 물어볼 때는 did로 물어봅니다. 과거의 경우 he, she, it도 모두 did로 말합니다. 가장 자주 말하는 'Did you ~?'뿐만 아니라 다른 주어도 입에 익숙해져야 합니다.

have to

나 요가해야 해?

Do I have to do yoga?

have to는 동사 have와 구조가 비슷합니다. 'Do you have ~?'에 to만 그대로 붙여 'Do you have to ~?'라고 말합니다. to 다음에 앞으로 해야 할 행동에 관한 동사를 붙여 말합니다.

학습한 표현으로 다음 문장을 말해 보세요.

1 너 필라테스해?

2 너 언제 필라테스해?

3 그 여자는 필라테스해?

4 그 여자는 언제 필라테스해?

5 너 환불 받았어?

6 너 언제 환불 받았어?

7 그 여자는 언제 환불 받았어?

8 그 여자는 서울에 갔어?

9 그 여자는 언제 서울에 갔어?

10 그 여자는 어떻게 서울에 갔어?

11 걔들은 독감 주사를 맞았어?

12 걔들은 언제 독감 주사를 맞았어?

13 저 독감 주사를 맞아야 해요?

14 저 독감 주사를 왜 맞아야 해요?

15 저 독감 주사를 언제 맞아야 해요?

다음 표현들은 1분 말하기에서 활용됩니다.

① Do you do Pilates?

② When do you do Pilates?

③ Does she do Pilates?

④ When does she do Pilates?

⑤ Did you get a refund?

⑥ When did you get a refund?

⑦ When did she get a refund?

⑧ Did she go to Seoul?

⑨ When did she go to Seoul?

⑩ How did she go to Seoul?

⑪ Did they get a flu shot?

⑫ When did they get a flu shot?

⑬ Do I have to get a flu shot?

⑭ Why do I have to get a flu shot?

⑮ When do I have to get a flu shot?

Am I ~?

어떤 상태인지 물어보기

be동사로 어떤 상태인지 물어볼 수 있습니다. be동사는 주어가 행동하지 않고 가만히 있어도 그 주어에 대해 묘사하는 동사입니다. 물어보는 문장의 경우 be동사를 그대로 가져오고, 뒤에 동사 자리에는 아무것도 남지 않습니다.

뉘앙스 & 구조 설명

동사 가져오기	주어	+	동사	+	관련 단어?
am (was)	I	X			
are (were)	you				
	we				
	they				
is (was)	he				
	she				
	it				

* 문장 맨 앞에 다음과 같은 의문사를 넣어서 말할 수도 있습니다.

who 누가	**what** 무엇	**which** 어떤	**when** 언제
where 어디서	**how** 어떻게	**why** 왜	

실전 적용 말하기

· **Why was I wrong?** 내가 왜 틀렸지?

70

문장 활용하기

---

am
(was)

내가 틀렸나?

Am I wrong?

현재 'Am I ~?', 과거 'Was I ~?' 다음에 다양한 관련 단어를 붙여 말할 수 있습니다. 의문사까지 말하고 싶다면 맨 앞자리에 말합니다.

---

are
(were)

너 뭐 안 좋은 일 있어?

Are you in trouble?

현재일 때 'Are you, we, they ~', 과거일 때 'Were you, we, they ~'로 말하고 관련 단어를 붙여서 말합니다. 의문사까지 말하고 싶다면 맨 앞자리에 말합니다.

---

is(was)

그 남자 단골이야?

Is he a regular customer?

현재일 때 'Is he, she, it ~', 과거일 때는 'Was he, she, it~'으로 말하고 관련 단어를 붙여서 말합니다. 의문사까지 말하고 싶다면 맨 앞자리에 말합니다.

---

be -ing
/ going
to

숙제하는 중이니?

Are you doing your homework?

'be -ing'와 'be going to'도 이 구조로 말합니다. be동사와 주어로 물어보고 뒤에 -ing나 going to를 붙입니다. 각각 '지금 하고 있는 중인 일'과 '앞으로의 계획'을 물어볼 때 씁니다.

실전 표현 연습하기

학습한 표현으로 다음 문장을 말해 보세요.

① 선생님이세요?

② 그 여자는 단골이야?

③ 그 여자는 부유해?

④ 그는 회사에 있어?

⑤ 너 누구야?

⑥ 그는 누구야?

⑦ 그녀는 어때?

⑧ 그는 어디에 있어?

⑨ 내가 어디에 있는 거지?

⑩ 너 설거지하는 중이니?

⑪ 너 최선을 다하는 중이니?

⑫ 너 뭐 하는 중이니?

⑬ 너 아침을 먹으려고?

⑭ 너 쉬려고?

⑮ 너 빨래하려고?

다음 표현들은 1분 말하기에서 활용됩니다.

1. Are you a teacher?

2. Is she a regular customer?

3. Is she rich?

4. Is he at work?

5. Who are you?

   Tip 5~9번처럼 의문사로 물어볼 때는 관련 단어 없이 말할 수 있습니다.

6. Who is he?

7. How is she?

8. Where is he?

9. Where am I?

10. Are you doing the dishes?

11. Are you doing your best?

12. What are you doing?

13. Are you going to have breakfast?

14. Are you going to take a break?

15. Are you going to do the laundry?

Have you p.p. ~?

해 본 적 있는지 물어보기

have p.p.로 물어볼 때는 have를 동사 가져오기 자리로 가져오고 뒤에는 p.p.만 남습니다. 배웠던 7개 동사의 p.p. 형태는 스피킹에서 정말 자주 쓰이기 때문에 바로 튀어나올 수 있도록 입으로 연습해야 합니다.

뉘앙스 & 구조 설명

동사 가져오기	주어	+	동사	+	관련 단어?
have	I		got/gotten		
	you		had		
	we		taken		
	they		done		
has	he		made		
	she		gone		
	it		been		
			been -ing		

* 문장 맨 앞에 다음과 같은 의문사를 넣어서 말할 수도 있습니다.

who 누가	**what** 무엇	**which** 어떤	**when** 언제
where 어디서	**how** 어떻게	**why** 왜	

실전 적용 말하기

· **Have you gotten** the text? 너 그 문자 받은 적 있어?

have p.p.

너 그 메시지를 받은 적이 있어?

Have you gotten the message?

'Did you ~?'가 '~했어?'라면 이 구조는 '~한 적 있어?'입니다. 과거 그 시점에 했냐고 묻는 게 아니라 지금까지 한 번이라도 그런 경험이 있냐고 묻는 것입니다. 'Have I, you, we, they ~' 다음에 p.p.를 붙여 말합니다.

has p.p.

그가 그 메시지를 받은 적이 있어?

Has he gotten the message?

'Has he, she, it ~' 다음에 p.p.를 붙여 말합니다. have와 has의 과거형인 had p.p.로 물어보는 것은 스피킹에서 잘 쓰지 않습니다. 원어민에게도 너무 복잡한 문장이기 때문입니다.

have been -ing

너 계속 쉬는 중이야?

Have you been taking a break?

'have been -ing'도 같은 구조로 물어봅니다. have(has)를 동사 가져오기 자리로 가져오고 뒤에 'been -ing'를 붙여 말합니다. 회사를 그만두고 지금도 쉬고 있는 중이라면 이렇게 물어볼 수 있습니다.

how long

너 얼마나 오랫동안 쉬는 중이야?

How long have you been taking a break?

의문사 자리에 'how long'을 넣어 자주 씁니다. 'How long have you been -ing?'는 '얼마나 오랫동안 해 오고 있는 중이야?'라고 물어볼 때 씁니다.

실전 표현 연습하기

학습한 표현으로 다음 문장을 말해 보세요.

1 너 전에 가죽 공예를 해 본 적 있어?

2 너 전에 비즈 공예를 해 본 적 있어?

3 너 전에 금속 공예를 해 본 적 있어?

4 너 전에 발레를 해 본 적 있어?

5 너 전에 크로스핏을 해 본 적 있어?

6 너 전에 줌바를 해 본 적 있어?

7 너 위험을 감수해 본 적 있어?

8 그녀가 위험을 감수해 본 적 있어?

9 그가 위험을 감수해 본 적 있어?

10 너 계속 크로스핏을 하는 중이야?

11 너 계속 요가하는 중이야?

12 너 계속 필라테스를 하는 중이야?

13 너 얼마나 오랫동안 크로스핏을 해 왔어?

14 너 얼마나 오랫동안 요가를 해 왔어?

15 너 얼마나 오랫동안 필라테스를 해 왔어?

다음 표현들은 1분 말하기에서 활용됩니다.

① Have you done leather crafts before?

② Have you done bead crafts before?

③ Have you done metal crafts before?

④ Have you done ballet before?

⑤ Have you done CrossFit before?

⑥ Have you done Zumba before?

⑦ Have you taken a risk?

⑧ Has she taken a risk?

⑨ Has he taken a risk?

⑩ Have you been doing CrossFit?

⑪ Have you been doing yoga?

⑫ Have you been doing Pilates?

⑬ How long have you been doing CrossFit?

⑭ How long have you been doing yoga?

⑮ How long have you been doing Pilates?

Will you ~?

조언을 구하거나 가능한지 물어보기

'Must I ~?'라고 하면 강하게 따지는 느낌이고 'May I ~?'라고 하면 나를 낮춰 허락을 받는 느낌입니다. might는 의문문에서 상대적으로 덜 쓰입니다. 조동사를 앞으로 가져오고 뒤에는 동사만 남습니다.

💡 뉘앙스 & 구조 설명

동사 가져오기	주어	+ 동사	+ 관련 단어?
must	I		
will	you	get	
would	we	have	
should	they	take	
can	he	do	
could	she	make	
may	it	go	
might		be	

* 문장 맨 앞에 다음과 같은 의문사를 넣어서 말할 수도 있습니다.

who 누가　　　what 무엇　　　which 어떤　　　when 언제
where 어디서　　how 어떻게　　why 왜

실전적용 말하기

· Will you do the laundry? 너 빨래할 거야?

must / will

산책하러 갈 거야?

Will you go for a walk?

must는 아주 강한 어조로 따지는 느낌이라 의문문으로 자주 쓰진 않습니다. will은 그럴 마음이나 의지가 있냐고 물어볼 때 씁니다.

would / should

산책하러 가고 싶어?

Would you like to go for a walk?

will은 '할 거야'인 반면에 would는 어조가 부드러워져 like to와 자주 쓰이며, 하고 싶은지 부드럽게 물어볼 때 씁니다. should는 다른 사람의 생각, 추천, 조언을 구할 때 씁니다.

can / could

나 지금 쉴 수 있을까?

Can I take a break now?

can은 상황상, 시간상, 능력상 가능한지 묻는 것입니다. could는 어조가 부드러워집니다. 'Can I'로 물어보는 것보다, 'Could I'로 물어보는 것이 더 공손한 질문입니다.

may

저 지금 쉬어도 될까요?

May I take a break now?

may는 자신을 낮춰 말하는 듯한 가장 약한 어조입니다. '~해도 되나요?'라는 뜻으로 허락을 받는 듯한 느낌입니다. 보통 해외여행지에서 직원들이 손님에게 말할 때 'May I ~?'로 공손하게 말하는 경우가 많습니다.

실전 표현 연습하기

학습한 표현으로 다음 문장을 말해 보세요.

① 내가 무조건 보험에 들어 있어야 하나?

② 너 설거지할 거야?

③ 너 휴가 갈 거야?

④ 너 언제 휴가 갈 거야?

⑤ 너 쇼핑하러 가고 싶어?

⑥ 우리 쇼핑하러 가면 좋을까?

⑦ 우리 어디로 쇼핑하러 가면 좋을까?

⑧ 저 환불을 받을 수 있을까요?

⑨ 저 어떻게 환불을 받을 수 있을까요?

⑩ 저 어디서 환불을 받을 수 있을까요?

⑪ 내가 좋은 인상을 심을 수 있을까?

⑫ 내가 어떻게 직장을 구할 수 있을까?

⑬ 시간을 내어 줄 수 있어요?

⑭ 언제 시간 내어 줄 수 있어요?

⑮ 제가 제안을 해도 될까요?

다음 표현들은 1분 말하기에서 활용됩니다.

1 Must I have insurance?

2 Will you do the dishes?

3 Will you go on a vacation?

4 When will you go on a vacation?

5 Would you like to go shopping?

6 Should we go shopping?

7 Where should we go shopping?

8 Can I get a refund?

9 How can I get a refund?

10 Where can I get a refund?

11 Can I make a good impression?

12 How can I get a job?

13 Could you make time?

14 When could you make time?

15 May I make a suggestion?

Who / What / Which ~?

누가, 무엇이 그랬는지 물어보기

훨씬 더 간단한 물어보는 문장 구조가 있습니다. 의문사 Who, What, Which가 주어인 경우로, "Who cares?(누가 신경 써?)", "What happened?(무슨 일이 있어났어?)"와 같은 문장입니다. Who, What, Which 다음에 바로 동사를 붙여 말합니다.

💡 뉘앙스 & 구조 설명

의문사	동사 가져오기	주어 + 동사 + 관련 단어
Who(누가)	×	×
What(무엇이)		get
Which(어떤 것이)		have
		take
		do
		make
		go
		be

실전 적용 말하기

· **Who made this mess?** 누가 이렇게 어질렀어?

문장 활용하기

who

누가 내 가방을 갖고 갔지?

Who took my bag?

"당신이 내 가방을 갖고 갔나요?"는 "Did you take my bag?"이죠. 여기엔 you가 있지만 사람 주어 없이 "누가 갖고 갔지?"라고 말할 땐 Who 다음에 바로 동사를 붙여줍니다.

who

누가 지금 실수하는 중이지?

Who is making a mistake now?

동사는 바꿔 가며 말할 수 있습니다. 'be + -ing'로 바꾸면 "Who is making a mistake?(누가 실수하는 중이지?)", 과거로 바꾸면 "Who made a mistake?(누가 실수했지?)"

what

뭐가 유행이지?

What is in style?

물건일 경우 what을 주어로 씁니다. 바로 동사를 붙여 말할 수 있습니다. "뭐가 유행할까?"는 will로 바꿔 "What will be in style?"로 말할 수 있습니다.

which

어떤 게 유행이지?

Which is in style?

선택지가 있어서 '이중에 어떤 것'이냐고 물어보는 느낌이라면 which를 주어로 쓸 수 있습니다. which 바로 뒤에 선택할 단어를 붙여서 "Which jacket is in style?(어떤 재킷이 유행이야?)"처럼도 말할 수 있습니다.

학습한 표현으로 다음 문장을 말해 보세요.

1 누가 메시지를 받았어?

2 누가 문자를 받았어?

3 누가 자리를 맡았어?

4 누가 사진을 찍었어?

5 누가 설거지했어?

6 누가 전화를 받았어?

7 누가 전화를 걸었어?

8 누가 빨래했어?

9 누가 이 결정을 했어?

10 누가 이 난리를 피웠어?

11 누가 제안했어?

12 누가 자리에 없어?

13 누가 일 등이야?

14 뭐가 문제야?

15 어떤 게 틀렸어?

다음 표현들은 1분 말하기에서 활용됩니다.

① Who got a message?

② Who got a text?

③ Who got a seat?

④ Who took a picture?

⑤ Who did the dishes?

⑥ Who took a call?

⑦ Who made a call?

⑧ Who did the laundry?

⑨ **Who made this decision?**
   `Tip` a decision을 this decision(이 결정)으로 구체적으로 말할 수도 있습니다.

⑩ **Who made this mess?**
   `Tip` a mess를 this mess(이 난리)로 구체적으로 말할 수도 있습니다.

⑪ **Who made a suggestion?**

⑫ **Who is away?**

⑬ **Who is in first place?**

⑭ **What is wrong?**

⑮ **Which is wrong?**

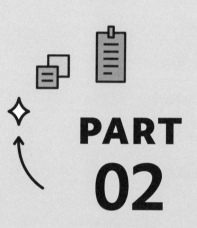

PART
02

디테일한 문장으로 나머지 70%를 말할 수 있다.

이제부터 지금까지 배웠던 쉬운 동사 7개와 단문을 이용해 다른 모든 문장 구조를 배워 봅시다. 먼저 단문과 단문을 붙여 긴 문장으로 말해 봅니다. 영어로 길게 말하는 것을 어려워하는 경우가 많은데, 문장을 붙이는 법만 알면 쉽게 말할 수 있습니다. 그 다음으로 단문의 동사를 다양하게 말해 봅니다. to, -ing, p.p. 등을 활용해 동사를 고급스럽게 말할 수 있습니다. 마지막으로 디테일한 부분까지 지켜 말해 봅니다. 디테일한 부분까지 살리면 영어 문장을 맛깔나게 말할 수 있습니다.

Unit. 01

that / who / what / which

두 문장 붙여 길게 말하기

긴 문장은 단문 두 개를 붙여 말하는 구조이며, 반드시 문장을 연결하는 다리가 필요합니다. 기본 다리는 that이고 의문사 7개도 모두 다리가 될 수 있습니다. 이 중에 who, what, which를 연습해 봅시다.

☆ 뉘앙스 & 구조 설명

> 주어+동사+(관련 단어) _____ 주어+동사+관련 단어.
> 다리

🫘 **that은 두 문장을 그대로 붙여 줍니다.**

• I know that you are a student. 나는 네가 학생인 거 알아.

🫘 **"Who are you?"를 붙여 말할 때는 '주어 + 동사' 순서로 바꿉니다.**

• I know who you are. 나는 네가 누구인지 알아.

🫘 **what 다음에도 '주어+동사' 순서대로 말합니다.**

• I know what you have. 나는 네가 무엇을 갖고 있는지 알아.

🫘 **which는 어떤 것인지 바로 붙여 말할 수 있습니다.**

• I know which class you take. 나는 네가 어떤 수업을 듣는지 알아.

※ 그냥 붙일 때는 앞 문장의 관련 단어가 없을 때가 많습니다. 관련 단어는 다음 장인 '단어에 붙이기'에서 주로 씁니다.

that

나 그가 도둑을 잡은 거 알아.

I know **that** he got the thief.

that을 기점으로 두 문장이 붙었다는 문장 구조를 명확하게 보여 줍니다. that은 뜻이 없기 때문에 "I know he got the thief."처럼 생략 가능합니다.

who

나 그가 누구인지 알아.

I know **who** he is.

뒤 문장은 '주어 + 동사' 순서여야 하는데, who 다음에 바로 동사만 오는 경우도 있습니다. 뒤 문장이 "Who is wrong?"일 경우 "I know who is wrong."이라고 말하며 이때 who는 뒤 문장의 주어이자 다리입니다.

what

나 그가 무엇을 구했는지 알아.

I know **what** he got.

다리 what 다음에도 바로 동사가 올 수 있습니다. 뒤 문장이 "What is wrong?"이면 "I know what is wrong."으로, what이 뒤 문장의 주어이자 다리가 될 수 있겠죠.

which

나 그가 어떤 책을 구했는지 알아.

I know **which book** he got.

what은 '무엇'이라는 뜻으로, 선택지가 없는 주관식의 느낌입니다. which는 '(이 중에) 어떤'이라는 뜻으로, 선택지 중에 고르는 객관식의 느낌입니다. which 다음에는 구체적인 명사가 나옵니다.

긴 문장으로 바꿔 말해 봅시다.

① 나 네가 친구 많은 거 알아.

② 나 그녀가 누구인지 알아.

③ 나 네가 무엇을 가지고 있는지 알아.

④ 나 그가 어떤 수업을 듣는지 알아.

⑤ 나 그가 배우인 거 알아.

⑥ 나 누가 배우인지 알아.

⑦ 나 뭐가 유행인지 알아.

⑧ 나 어떤 구두가 유행인지 알아.

⑨ 그가 배우인 거 알아?

⑩ 누가 배우인지 알아?

⑪ 뭐가 유행인지 알아?

⑫ 어떤 구두가 유행인지 알아?

⑬ 그가 배우인 거 알았어?

⑭ 그가 배우인 거 어떻게 알았어?

⑮ 그가 배우인 거 언제 알았어?

다음 표현들은 1분 말하기에서 활용됩니다.

① I know (that) you have a lot of friends.

② I know who she is.

③ I know what you have.

④ I know which class he takes.

⑤ I know (that) he is an actor.

⑥ I know who is an actor.

⑦ I know what is in style.

⑧ I know which shoes are in style.

⑨ Do you know (that) he is an actor?

⑩ Do you know who is an actor?

⑪ Do you know what is in style?

⑫ Do you know which shoes are in style?

⑬ Did you know (that) he is an actor?

⑭ **How did you know (that) he is an actor?**
   Tip 단문 말하기에서 배운 것처럼, 의문사로 시작할 수 있습니다.

⑮ **When did you find out (that) he is an actor?**
   Tip 처음으로 알아낸 것은 'find out'으로 말해요.

when / where / how / why

두 문장 붙여 길게 말하기

단문을 물어보는 말하기에서 맨 앞자리에 오던 의문사가 긴 문장에서는 다리로 쓰일 수 있다고 했었죠? who, what, which 다음에는 바로 동사가 오는 경우가 있었지만, 나머지 4개 뒤에는 무조건 '주어 + 동사'가 붙습니다.

 다음과 같이 다리를 바꿔 가며 말할 수 있습니다. 물어보는 문장으로 말할 경우 앞 문장만 단문에서 배운 대로 바꿔 줍니다.

- I know when she took the picture.

  나는 그녀가 언제 그 사진을 찍었는지 알아.

- I know where she took the picture.

  나는 그녀가 어디서 그 사진을 찍었는지 알아.

- I know how she took the picture.

  나는 그녀가 어떻게 그 사진을 찍었는지 알아.

- I know why she took the picture.

  나는 그녀가 왜 그 사진을 찍었는지 알아.

문장 활용하기

when

너 그녀가 언제 그 사진을 찍었는지 알아?

Do you know **when** she took the picture?

언제 그런 일이 벌어졌는지 말하고 싶을 때 다리 when을 붙여서 말을 합니다. 연도, 시각, 요일, 낮과 밤 등 시간에 관련된 뜻일 경우 모두 가능합니다.

where

너 그녀가 어디서 그 사진을 찍었는지 알아?

Do you know **where** she took the picture?

어디서 그런 일이 벌어졌는지 말하고 싶을 때 다리 where을 붙여서 말을 합니다. 학교, 회사, 집, 상가, 공원, 도로 등등 장소에 관련된 뜻일 경우 모두 가능합니다.

how

너 그녀가 어떻게 그 사진을 찍었는지 알아?

Do you know **how** she took the picture?

어떻게 그런 일이 벌어졌는지 말하고 싶을 때 다리 how를 붙여서 말을 합니다. '어떤', '어떻게', '어때'와 같은 뜻일 경우 모두 가능합니다.

why

너 그녀가 왜 그 사진을 찍었는지 알아?

Do you know **why** she took the picture?

왜 그런 일이 벌어졌는지 말하고 싶을 때 다리 why를 붙여서 말을 합니다. '이유', '동기', '원인'과 관련된 뜻일 경우 모두 가능합니다.

실전 표현 연습하기

긴 문장으로 바꿔 말해 봅시다.

① 제가 언제 환불을 받을 수 있는지 아세요?

② 제가 어디서 환불을 받을 수 있는지 아세요?

③ 제가 어떻게 환불을 받을 수 있는지 아세요?

④ 제가 어떻게 환불을 받을 수 있는지 좀 알려 줄래요?

⑤ 제가 어디서 택시를 잡을 수 있는지 좀 알려 줄래요?

⑥ 제가 어떻게 택시를 잡을 수 있는지 좀 알려 줄래요?

⑦ 그가 왜 출장을 갔는지 알아?

⑧ 그가 언제 출장을 갔는지 알아?

⑨ 그가 어디로 출장을 갔는지 알아?

⑩ 그가 언제 약국에 갔는지 알아?

⑪ 그가 왜 약국에 갔는지 알아?

⑫ 그가 언제 병원에 갔는지 알아?

⑬ 그가 왜 병원에 갔는지 알아?

⑭ 그가 언제 저녁을 먹으러 갔는지 알아?

⑮ 그가 언제 조깅하러 갔는지 알아?

다음 표현들은 1분 말하기에서 활용됩니다.

1. Do you know when I can get a refund?

2. Do you know where I can get a refund?

3. Do you know how I can get a refund?

4. Can you tell me how I can get a refund?

5. Can you tell me where I can get a taxi?

6. Can you tell me how I can get a taxi?

7. Do you know why he went on a business trip?

8. Do you know when he went on a business trip?

9. Do you know where he went on a business trip?

10. Do you know when he went to the drugstore?

11. Do you know why he went to the drugstore?

12. Do you know when he went to the doctor?

13. Do you know why he went to the doctor?

14. Do you know when he went for dinner?

15. Do you know when he went jogging?

if / whether
두 문장 붙여 길게 말하기

문장을 붙여 주는 기본 다리 that과 의문사 다리 7개 외에 '~인지 아닌지'라는 뜻의 다리 2개도 배워 봅시다.

 다음 두 단문을 말해 보세요.

- I don't know.

  난 몰라.

- She is at home.

  그녀가 집에 있어.

 위의 문장을 if로 다음과 같이 붙여 말할 수 있습니다.

- I don't know if she is at home.

  난 그녀가 집에 있는지 없는지 몰라.

 whether도 같은 뜻입니다.

- I don't know whether she is at home.

  난 그녀가 집에 있는지 없는지 몰라.

문장 활용하기

if

나는 그가 회사에 있는지 없는지 몰라.

I don't know if he is at work.

물어보는 말로 바꾸고 싶다면 "Do you know if he is at work?(너 그가 회사에 있는지 없는지 아니?)"처럼 앞부분만 물어보는 구조로 말합니다.

whether

너는 그가 회사에 있는지 없는지 아니?

Do you know whether he is at work?

if에는 '~인지 아닌지'뿐만 아니라 '만약에'라는 뜻도 있고, 이 뜻으로 더 자주 씁니다. 반면 whether에는 '~인지 아닌지'라는 뜻만 있습니다.

or not

나는 그가 회사에 있는지 없는지 몰라.

I don't know if he is at work or not.

if 대신 whether를 써도 됩니다. '~ 아닌지'에 해당하는 or not을 문장 맨 뒤에 붙여서 말할 수 있습니다. 하지만 if와 whether 뜻 자체가 '아닌지' 부분도 포함하고 있기 때문에 or not을 반드시 써야 하는 것은 아닙니다.

whether to

라식 수술을 받아야 할지 말지 모르겠어.

I don't know whether to get Lasik surgery or not.

앞으로 어떤 일을 해야 할지 말아야 할지 고민될 때 whether 다음에 미래 느낌의 to와 동사를 붙여 말할 수 있습니다. 이때는 if로 바꿀 수 없습니다.

긴 문장으로 바꿔 말해 봅시다.

❶ 나는 그가 집에 있는지 없는지 몰라.

❷ 너는 그가 집에 있는지 없는지 알아?

❸ 나는 그가 집에 있는지 없는지 몰라.

❹ 너는 그가 집에 있는지 없는지 알아?

❺ 나는 그가 부자인지 아닌지 몰라.

❻ 너는 그가 부자인지 아닌지 알아?

❼ 나는 그가 부자인지 아닌지 몰라.

❽ 너는 그가 부자인지 아닌지 알아?

❾ 나는 그 정답이 틀렸는지 아닌지 몰라.

❿ 너는 그 정답이 틀렸는지 아닌지 알아?

⓫ 나는 그 정답이 틀렸는지 아닌지 몰라.

⓬ 너는 그 정답이 틀렸는지 아닌지 알아?

⓭ 나는 그가 바쁜지 아닌지 몰라.

⓮ 너는 그가 바쁜지 아닌지 알아?

⓯ 나는 그가 바쁜지 아닌지 몰라.

다음 표현들은 1분 말하기에서 활용됩니다.

❶ I don't know if he is at home.

❷ Do you know if he is at home?

❸ I don't know whether he is at home.

❹ Do you know whether he is at home?

❺ I don't know if he is rich.

❻ Do you know if he is rich?

❼ I don't know whether he is rich.

❽ Do you know whether he is rich?

❾ I don't know if the answer is wrong.

❿ Do you know if the answer is wrong?

⓫ I don't know whether the answer is wrong.

⓬ Do you know whether the answer is wrong?

⓭ I don't know if he is busy or not.
　　Tip or not은 붙일 수도, 생략할 수도 있습니다.

⓮ Do you know if he is busy or not?

⓯ I don't know whether he is busy or not.

and / but / or
두 문장 붙여 길게 말하기

두 문장을 붙여 말할 때 서로 비슷하거나 연결되는 내용은 and, 상반되는 내용은 but, 선택해야 할 내용을 이어 줄 때는 or을 씁니다.

 다음과 같이 문장을 붙여 말할 수 있습니다.

- My husband did the laundry and I did the dishes.

  남편은 빨래를 하고 나는 설거지를 했어.

 주어 두 개를 붙여 말하거나, 관련 단어 두 개를 붙여 말할 수도 있습니다.

- My husband and I did the housework.

  남편과 나는 집안일을 했어.

- I have a fever and a headache.

  나 열과 두통이 있어.

 주어가 두 가지 동작을 하는 것도 말할 수 있습니다. 이때 뒤 문장의 주어는 생략 가능합니다.

- We had dinner and (we) went for a walk.

  우리는 저녁을 먹고 산책하러 갔어.

문장 활용하기

and

나 네 메시지를 받고 결정했어.

I got your message and (I) made a decision.

메시지를 받고 그 메시지에 따라 결정을 내린 것은 연결된 사건이기 때문에 and로 붙여 말할 수 있습니다. 뒤 문장의 주어는 생략 가능합니다.

and

내 친구와 나는 콘서트에 갔어.

My friend and I went to the concert.

두 개의 주어를 말할 경우 보통 I를 뒤에 말합니다. 'I and my friend'를 발음해 보세요. 이번에는 'my friend and I'를 발음해 보세요. 이게 훨씬 부드럽게 발음되죠? 원어민들은 나보다 상대를 더 높이는 느낌으로 상대를 먼저 말하니 다른 주어에 'and I'를 붙여 말하는 습관을 들이세요.

but

난 화장은 하지만 네일 케어는 안 해.

I do my makeup but (I) don't do my nails.

내가 평소에 하는 습관과 안 하는 습관, 상반된 내용을 말할 때 but으로 붙여 말할 수 있습니다. 뒤 문장의 주어는 생략 가능합니다.

or

내가 빨래를 해야 할까 아니면 설거지를 해야 할까?

Do I have to do the laundry or do the dishes?

or은 두 가지의 선택지 중 어떤 것을 해야 하는지 물어볼 때 씁니다.

긴 문장으로 바꿔 말해 봅시다.

① 그녀가 제안을 했고 그가 조치를 취했어요.

② 남편과 저는 장을 보러 갔었어요.

③ 저는 아침을 먹고 일하러 갔어요.

④ 그는 전화를 받았고 결정을 내렸어요.

⑤ 그녀는 머리를 했고 일하러 갔어요.

⑥ 그녀는 리스트를 만들고 쇼핑하러 갔어요.

⑦ 저는 테이블과 의자를 맡았어요.

⑧ 저는 감기 기운과 열이 있어요.

⑨ 저는 이메일과 메시지를 받았어요.

⑩ 저는 일하러 가야 하지만 쉴 거예요.

⑪ 저는 웨이트는 하지만 유산소 운동은 안 해요.

⑫ 그는 감기에 걸렸지만 수영하러 갔어요.

⑬ 당신은 학생인가요, 선생님인가요?

⑭ 당신은 할인을 받거나 포인트를 쌓을 수 있어요.

⑮ 내가 청소기를 돌렸지만 아들이 지저분하게 만들었어요.

다음 표현들은 1분 말하기에서 활용됩니다.

❶ She made a suggestion and he took action.

❷ My husband and I went to the grocery store.

❸ I had breakfast and (I) went to work.

❹ He took the call and (he) made a decision.

❺ She did her hair and (she) went to work.

❻ She made a list and (she) went shopping.

❼ I got a table and chairs.

❽ I have a cold and a fever.

❾ I got an e-mail and a message.

❿ I have to go to work but (I) will take a break.

⓫ I do the weight training but (I) don't do the cardio.

⓬ He had a cold but (he) went swimming.

⓭ Are you a student or teacher?

⓮ You can get discounts or points.

⓯ I did the vacuuming but my son made a mess.

who / which / that

단어에 붙여 길게 말하기

두 문장을 그냥 붙이는 것과 다르게 첫 번째 문장의 관련 단어에 관한 문장을 붙여 말할 수도 있습니다.

💡 뉘앙스 & 구조 설명

주어+동사+관련 단어 _____ 주어+동사+관련 단어.

다리

 **먼저 붙여 말해 보세요.**

• Do you know who took the call?

    너 누가 그 전화 받았는지 알아?

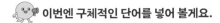 **이번엔 구체적인 단어를 넣어 볼게요.**

• Do you know the person who took the call?

    너 그 전화 받은 사람 알아?

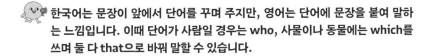 한국어는 문장이 앞에서 단어를 꾸며 주지만, 영어는 단어에 문장을 붙여 말하는 느낌입니다. 이때 단어가 사람일 경우는 **who**, 사물이나 동물에는 **which**를 쓰며 둘 다 **that**으로 바꿔 말할 수 있습니다.

• the person who took the call

    그 사람 + 누구냐면 + 그 전화를 받은 = 그 전화를 받은 사람

문장 활용하기

who

일 등으로 들어온 달리기 선수 봤어?

Did you see the runner who came in first place?

한국어는 '일 등으로 들어온 달리기 선수'처럼 말하지만, 영어는 '달리기 선수+누구냐면+일 등으로 들어온'의 어순으로 말합니다.

which

난 그들이 원한 사진을 찍었어.

I took the picture which they wanted.

한국어는 '그들이 원한 사진'처럼 꾸밈을 받는 단어를 뒤에 말하지만 영어는 '사진 + 어떤 거냐면 + 그들이 원한'처럼 먼저 말합니다.

that

난 그들이 원한 사진을 찍었어.

I took the picture that they wanted.

who와 which는 모두 that으로 바꿔 말할 수 있습니다. 단어가 사물일 경우에 which보다 발음이 쉬운 that을 주로 쓰는 편입니다. 사람은 who가 더 자주 쓰입니다.

생략

난 그들이 원한 사진을 찍었어.

I took the picture they wanted.

"Did you see the runner who came in first place?"처럼 다리 who 다음에 바로 동사가 오면 다리를 생략할 수 없습니다. 하지만 "I took the picture which they wanted."처럼 새로운 주어가 나오면 생략할 수 있습니다.

실전 표현 연습하기

긴 문장으로 바꿔 말해 봅시다.

1 내 가방을 가져간 사람이 누군지 알아?

2 내 가방을 가져간 도둑이 누군지 알아?

3 내 가방을 가져간 사람을 잡을 거야.

4 내 가방을 가져간 도둑을 잡을 거야.

5 내 가방을 가져간 그 남자를 잡을 거야.

6 내 가방을 가져간 그 여자를 잡을 거야.

7 내 가방을 가져간 그 사람을 잡을 수 있을까?

8 내 가방을 가져간 그 사람을 어떻게 잡지?

9 나는 그녀가 원한 사진을 찍었어.

10 나는 그가 원한 사진을 찍었어.

11 나는 그녀가 불러 준 택시를 잡았어.

12 나는 그가 불러 준 택시를 잡았어.

13 나는 엄마가 준 비타민을 복용했어.

14 나는 엄마가 차려 준 아침을 먹었어.

15 나는 언니가 차려 준 저녁을 먹었어.

다음 표현들은 1분 말하기에서 활용됩니다.

❶ Do you know the person who took my bag?

❷ Do you know the thief who took my bag?

❸ I will catch the person who took my bag.

❹ I will catch the thief who took my bag.

❺ I will catch the man who took my bag.

❻ I will catch the woman who took my bag.

❼ Can I catch the person who took my bag?
> Tip 문장의 앞부분을 의문문 구조로 바꿔 말할 수 있습니다.

❽ How can I catch the person who took my bag?
> Tip How는 물어보는 말의 의문사, who는 다리로 쓰였습니다.

❾ I took the picture (that) she wanted.
> Tip 단어 뒤에 주어가 바로 나오는 경우 다리는 주로 생략합니다.

❿ I took the picture (that) he wanted.

⓫ I took the taxi (that) she called.

⓬ I took the taxi (that) he called.

⓭ I took the vitamins (that) my mom gave me.

⓮ I had the breakfast (that) my mom cooked.

⓯ I had the dinner (that) my sister cooked.

what

단어에 붙여 길게 말하기

what(무엇)은 which(이 중에 어떤)와 다르게 주관식의 느낌이라, 구체적인 선택지나 관련 단어를 말하지 않습니다.

 단어 the movie 다음에 문장으로 붙여 말해 봅시다.

• Did you watch the movie that the director made?

　그 감독이 제작한 영화 봤어?

 만약 '영화'와 같은 구체적인 단어를 말하지 않는다면 아래와 같이 바꿀 수 있습니다.

• Did you watch what the director made?

　그 감독이 제작한 거 봤어?

• the movie that the director made

　그 감독이 제작한 영화

• what the director made

　그 감독이 제작한 것

※ what은 'the movie that'을 포함하는 단어입니다. what 앞에는 구체적인 단어를 말하지 않습니다.

문장 활용하기

what 주어 동사	우리 아들이 무엇을 만들었는지 아세요? **Do you know what my son made?**

단문 두 개가 붙은 긴 문장은 다리가 반드시 필요하며 다리 뒤에 '주어+동사'가 오거나 혹은 바로 동사가 올 수도 있습니다. what도 마찬가지입니다. what은 앞에 단어가 나오지 않기 때문에 그냥 붙이기와 구조가 같습니다.

what 주어 동사	그가 만든 게 뭔지 아세요? **Do you know what he made?**

what은 '단어와 다리' 두 가지 역할을 한 번에 해 버립니다. what으로 말하면 그가 만든 것이 영화인지 아닌지는 알 수 없습니다. 구체적인 단어를 말하지 않고 씁니다.

what 주어 동사	그가 무엇을 가지고 있는지 아세요? **Do you know what he has?**

what은 '무엇' 또는 '~것'으로 해석합니다. what 앞에는 단어가 없기 때문에 이 둘 중 하나로 해석하면 됩니다. "그가 무엇을 가지고 있는지 아세요?" 또는 "그가 가지고 있는 거 아세요?"처럼요.

what 동사	무엇이 변화를 이끌어 냈는지 아세요? **Do you know what made a difference?**

"Do you know the campaign that made a difference?(변화를 이끌어 낸 그 캠페인을 아세요?)"처럼 구체적인 단어를 언급하지 않고 what으로 붙여 말할 수 있습니다. 이 문장의 what은 뒤 문장의 주어이자 다리입니다.

긴 문장으로 바꿔 말해 봅시다.

① 나는 그들이 뭘 구했는지 알아.

② 나는 그들이 뭘 가지고 있는지 알아.

③ 나는 그들이 뭘 가져갔는지 알아.

④ 나는 그들이 뭘 만들었는지 알아.

⑤ 나는 그들이 뭘 했는지 알아.

⑥ 너는 그들이 뭘 구했는지 알아?

⑦ 너는 그들이 뭘 가지고 있는지 알아?

⑧ 너는 그들이 뭘 가져갔는지 알아?

⑨ 너는 그들이 뭘 만들었는지 알아?

⑩ 너는 그들이 뭘 했는지 알아?

⑪ 뭐 때문에 그런 소음이 발생하고 있는지 알아?

⑫ 뭐가 유행인지 알아?

⑬ 그들이 뭘 했는지 말해 줄래?

⑭ 뭐가 유행인지 말해 줄래?

⑮ 뭐가 문제인지 말해 줄래?

다음 표현들은 1분 말하기에서 활용됩니다.

① I know what they got.

② I know what they have.

③ I know what they took.

④ I know what they made.

⑤ I know what they did.

⑥ Do you know what they got?

⑦ Do you know what they have?

⑧ Do you know what they took?

⑨ Do you know what they made?

⑩ Do you know what they did?

⑪ Do you know what is making that noise?

⑫ Do you know what is in style?

⑬ Can you tell me what they did?

⑭ Can you tell me what is in style?

⑮ Can you tell me what is wrong?

where / when / why / how
단어에 붙여 길게 말하기

사람에는 who, 사물에는 which를 붙여 말했습니다. 장소 where, 시간 when, 이유 why, 방법 how도 다리로 놓고 문장을 붙여 말할 수 있습니다. 아래처럼 붙여 말해 보세요.

 다음과 같이 문장을 말할 수 있습니다.

- **I remember the place** (where) **we met.**

  저는 우리가 만난 그 장소를 기억해요.

- **I remember the time** (when) **we met.**

  저는 우리가 만난 그 시간을 기억해요.

- **I remember the reason** (why) **we met.**

  저는 우리가 만난 그 이유를 기억해요.

- **I remember the way** (*how) **we met.**

  저는 우리가 만난 그 방법을 기억해요.
  * 'the way'와 'how'는 같이 쓸 수 없어요.

※ 이 문장 구조를 말할 때는 보통 단어나 다리 중 하나만 말합니다. 단어만 말하면 "I remember the place we met."가 되고, 다리만 말하면 "I remember where we met."으로 두 문장 다 자연스러워서 아무거나 써도 됩니다.

문장 활용하기

where

우리가 만난 그 장소를 기억하세요?

Do you remember the place (where) we met?

보통 the place나 where 둘 중에 하나만 말합니다. 구체적인 단어를 말할 때만 둘 다 씁니다. "Do you remember the café where we met?(우리가 만난 그 카페를 기억하세요?)"처럼 말이죠.

when

우리가 만난 그 시간을 기억하세요?

Do you remember the time (when) we met?

보통 the time이나 when 둘 중에 하나만 말합니다. 구체적인 단어를 말할 때만 둘 다 씁니다. "Do you remember last year when we met?(우리가 만났던 작년을 기억하세요?)"처럼 말이죠.

why

우리가 만난 그 이유를 기억하세요?

Do you remember the reason (why) we met?

the reason을 대신할 구체적인 단어는 없으며 하나만 말하거나 둘다 씁니다. "Do you remember the reason we met?", "Do you remember why we met?", "Do you remember the reason why we met?"처럼요.

how

우리가 만난 그 방법을 기억하세요?

Do you remember the way (*how) we met?

the way를 대신할 구체적인 단어는 없으며 the way와 how는 절대 같이 쓰지 않습니다. "Do you remember the way we met?"이나 "Do you remember how we met?"만 가능합니다.

긴 문장으로 바꿔 말해 봅시다.

① 우리가 사진 찍었던 장소 기억해?

② 우리가 어디서 사진 찍었는지 기억해?

③ 우리가 사진 찍었던 그 관광지 기억해?

④ 그가 일을 안 하는 요일을 알아?

⑤ 그가 언제 일을 안 하는지 알아?

⑥ 네가 다이어트를 하는 이유를 모르겠어.

⑦ 네가 다이어트를 왜 하는지 모르겠어.

⑧ 네가 다이어트를 왜 하는지 그 이유를 모르겠어.

⑨ 나는 허리에 통증이 생긴 이유를 모르겠어.

⑩ 나는 허리에 왜 통증이 생겼는지 모르겠어.

⑪ 나는 허리에 왜 통증이 생겼는지 그 이유를 모르겠어.

⑫ 그가 큰 돈을 번 방법이 뭔지 모르겠어.

⑬ 그가 어떻게 큰 돈을 벌었는지 모르겠어.

⑭ 예약한 방법이 뭐였는지 기억이 안 나.

⑮ 어떻게 예약을 했는지 기억이 안 나.

다음 표현들은 1분 말하기에서 활용됩니다.

❶ Do you remember the place we took the picture?

❷ Do you remember where we took the picture?

❸ Do you remember the site where we took the picture?

❹ Do you know the day when he is off?

❺ Do you know when he is off?

❻ I don't know the reason you are on a diet.

❼ I don't know why you are on a diet.

❽ I don't know the reason why you are on a diet.

❾ I don't know the reason I have pain in my lower back.

❿ I don't know why I have pain in my lower back.

⓫ I don't know the reason why I have pain in my lower back.

⓬ I don't know the way he made a lot of money.

⓭ I don't know how he made a lot of money.

⓮ I can't remember the way I made a reservation.

⓯ I can't remember how I made a reservation.

before / after / while / when
접속사로 붙여 길게 말하기

그냥 붙이기와 단어에 붙이기는 that이나 의문사가 다리로 쓰였지만, 이 구조는 시간과 인과 관계를 보여 주는 다양한 다리가 존재합니다. 또 뒤 문장이 앞으로 가고 콤마를 찍을 수 있습니다.

뉘앙스 & 구조 설명

주어 + 동사 + 관련 단어 _____ 주어 + 동사 + 관련 단어.
　　　　　　　　　　　　　 다리

_____ 주어 + 동사 + 관련 단어, 주어 + 동사 + 관련 단어.
　다리

'전에', '후에', '동안에', '~ 때'와 같은 두 문장의 시간 관계를 말해 봅시다.

- I took the call before I took a shower.

  샤워하기 전에 그 전화를 받았어.

- After I took a shower, I took the call.

  샤워한 후에 그 전화를 받았어.

- I took the call while I had dinner.

  저녁 식사를 하는 동안 그 전화를 받았어.

- I took the call when I had dinner.

  저녁 식사를 할 때 그 전화를 받았어.

※ 'while[when] I was having dinner(저녁을 먹는 중에)'처럼 'be + -ing' 문장 구조로도 말할 수 있습니다.

문장 활용하기

before

아침을 먹기 전에 그 전화를 받았어.

I took the call before I had breakfast.

before를 중간에 넣어서 말하면 전화를 받고, 아침을 먹었다는 일어난 순서 그대로 말할 수 있어서 편리합니다.

after

아침을 먹고 난 후에 그 전화를 받았어.

After I had breakfast, I took the call.

after가 있는 문장을 앞으로 보내면 아침을 먹고, 전화를 받은 순서대로 쉽게 말할 수 있습니다. before는 문장 중간, after는 문장 맨 앞에서 말하는 연습을 해 보세요.

while

아침을 먹는 동안 그 전화를 받았어.

I took the call while I had breakfast.

while은 하나의 사건이 바쁘게 진행되는 동안 다른 사건이 생겼다는 것을 뜻합니다. "I took the call while I was having breakfast."처럼 'be + -ing'로 생생하게 진행되는 느낌을 표현할 수도 있습니다.

when

아침을 먹을 때 그 전화를 받았어.

I took the call when I had breakfast.

when은 하나의 사건이 일어날 때 다른 사건도 역시 일어났다는 뉘앙스로 while보다 생생하게 진행되는 느낌은 덜하지만 비슷한 의미로 쓰입니다.

실전 표현 연습하기

긴 문장으로 바꿔 말해 봅시다.

① 빨래를 하기 전에 그 전화를 받았어.

② 빨래를 다 한 후에 그 전화를 받았어.

③ 빨래를 하는 동안 그 전화를 받았어.

④ 빨래할 때, 그 전화를 받았어.

⑤ 화장하기 전에 그 전화를 받았어.

⑥ 화장을 다 한 후에 그 전화를 받았어.

⑦ 화장을 하는 동안 그 전화를 받았어.

⑧ 화장을 할 때 그 전화를 받았어.

⑨ 산책하러 가기 전에 그 전화를 받았어.

⑩ 산책하고 나서 그 전화를 받았어.

⑪ 산책하는 동안 그 전화를 받았어.

⑫ 산책할 때 그 전화를 받았어.

⑬ 쇼핑을 가기 전에 그 전화를 받았어.

⑭ 쇼핑을 가는 동안 그 전화를 받았어.

⑮ 쇼핑 갈 때 그 전화를 받았어.

다음 표현들은 1분 말하기에서 활용됩니다.

1 I took the call before I did the laundry.

> Tip 1번은 전화를 받고 빨래를, 2번은 빨래를 하고 전화를 받은 것입니다. 일어난 순서를 잘 파악해 보세요.

2 After I did the laundry, I took the call.

3 I took the call while I did the laundry.

4 I took the call when I did the laundry.

5 I took the call before I did my makeup.

6 After I did my makeup, I took the call.

7 I took the call while I did my makeup.

8 I took the call when I did my makeup.

9 I took the call before I went for a walk.

10 After I went for a walk, I took the call.

11 I took the call while I went for a walk.

12 I took the call when I went for a walk.

13 I took the call before I went shopping.

14 I took the call while I went shopping.

15 I took the call when I went shopping.

as / because / so / since

접속사로 붙여 길게 말하기

접속사는 두 문장의 시간 관계나 인과 관계를 말할 때 씁니다. 시간에는 동시에 일어나는 사건을 말하는 as도 있습니다. 인과를 나타내는 접속사도 연습해 보세요.

 두 사건이 동시에 바쁘게 진행될 때 as로 붙여 말합니다.

• My husband did the laundry as I did the dishes.

남편이 빨래하면서 동시에 난 설거지를 했어.

 because 다음에는 이유가, so 다음에는 결과가 나옵니다.

• I can do that because I have confidence.

난 자신 있으니까 그거 할 수 있어.

• I have confidence, so I can do that.

난 자신 있어서 그거 할 수 있어.

 since는 시간(~한 이후로), 이유(~한 이유로) 둘 다 가능합니다.

• Since I got the message, I have been at home.

난 그 메시지를 받은 이후로 집에 있었어.

• Since I have confidence, I can do that.

난 자신 있으니까 그거 할 수 있어.

문장 활용하기

as

그녀가 청소기를 돌리면서 동시에 그는 다림질을 했어.

She did the vacuuming **as** he did the ironing.

as는 'at the same time'의 준말이라고 생각하세요. while과 when은 한 사건이 일어나고 있는 중간에 다른 사건이 일어난 것이지만, as는 양쪽이 동시에 일어나는 상황을 말합니다.

because

난 자신 있으니까 그거 할 거야.

I will do that **because** I have confidence.

because와 so는 두 문장의 순서가 정반대입니다. 결과를 먼저 말하고 그 이유가 어떠하다고 붙여 말할 때 because를 씁니다. '왜냐하면 ~하니까', '~하기 때문에'처럼 해석합니다.

so

난 자신 있어서 그거 할 거야.

I have confidence, **so** I will do that.

이유를 먼저 말하고 그래서 그 결과 이렇다고 붙여 말할 때 so를 씁니다. '그래서', '그러므로', '그 결과'처럼 해석합니다.

since

너도 알다시피 난 자신 있으니까 그거 할 거야.

Since I have confidence, I will do that.

because는 사람들이 그 이유를 잘 모를 때 주로 씁니다. 반면 since는 사람들이 이미 이유를 알고 있을 때 주로 말하며, 문장 앞쪽에 씁니다.

긴 문장으로 바꿔 말해 봅시다.

① 남편이 청소기를 돌리면서 동시에 난 다림질을 했어.

② 남편은 조깅을 하러 갔고 동시에 나는 장을 보러 갔어.

③ 남편은 헬스장을 갔고 동시에 나는 점심을 먹으러 갔어.

④ 그 남자는 돈을 많이 벌었기 때문에 새 차를 뽑을 수 있었어.

⑤ 그 남자는 돈을 많이 벌었기 때문에 새 집을 구할 수 있었어.

⑥ 그 남자는 돈을 많이 벌었기 때문에 새 사무실을 구할 수 있었어.

⑦ 그 남자는 돈을 많이 벌어서 새 차를 뽑을 수 있었어.

⑧ 그 남자는 돈을 많이 벌어서 새 집을 구할 수 있었어.

⑨ 그 남자는 돈을 많이 벌어서 새 사무실을 구할 수 있었어.

⑩ 그 남자는 돈을 많이 버니까 새 차를 뽑을 수 있어.

⑪ 그 남자는 돈을 많이 버니까 새 집을 구할 수 있어.

⑫ 그 남자는 돈을 많이 버니까 새 사무실을 구할 수 있어.

⑬ 난 그 메시지를 받은 이후로 쭉 걱정했어.

⑭ 난 그 메시지를 받은 이후로 쭉 집에 있었어.

⑮ 난 그 메시지를 받은 이후로 쭉 회사에 있었어.

다음 표현들은 1분 말하기에서 활용됩니다.

① My husband did the vacuuming as I did the ironing.

② My husband went jogging as I went to the grocery store.

③ My husband went to the gym as I went for lunch.

④ He could get a new car because he made a lot of money.

⑤ He could get a new house because he made a lot of money.

⑥ He could get a new office because he made a lot of money.

⑦ He made a lot of money, so he could get a new car.

⑧ He made a lot of money, so he could get a new house.

⑨ He made a lot of money, so he could get a new office.

⑩ Since he makes a lot of money, he can get a new car.

⑪ Since he makes a lot of money, he can get a new house.

⑫ Since he makes a lot of money, he can get a new office.

⑬ Since I got the message, I have been worried.

⑭ Since I got the message, I have been at home.

⑮ Since I got the message, I have been at work.

Unit. 10

although / even though / though

접속사로 붙여 길게 말하기

because, so, since는 평범한 원인과 결과를 말할 때 씁니다. 하지만 though가 들어가는 접속사 3개는 일반적이지 않은, 의외의 원인과 결과를 말할 때 씁니다.

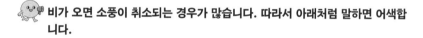

일반적인 인과 관계는 이렇게 말합니다.

- I didn't go on a picnic because it was raining.

  비가 와서 소풍을 안 갔어.

비가 오면 소풍이 취소되는 경우가 많습니다. 따라서 아래처럼 말하면 어색합니다.

- I went on a picnic because it was raining. (×)

  비가 와서 소풍을 갔어. (×)

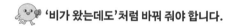**'비가 왔는데도'처럼 바꿔 줘야 합니다.**

- I went on a picnic, although it was raining.

  비가 왔는데도 소풍을 갔어.

124

문장 활용하기

although

비가 왔는데도 그는 밖에 나갔어.

He went outside, although it was raining.

though가 들어간 3개의 접속사 중에 먼저 although를 연습해 볼게요. although처럼 though가 들어간 접속사들은 상반된 내용을 말하기 때문에 한 번 더 구분하는 의미로 콤마를 찍을 수 있습니다.

even though

비가 왔는데도 불구하고 그는 밖에 나갔어.

He went outside, even though it was raining.

even은 예상 밖의 일을 나타내는 '~조차'라는 뜻으로, though를 강조합니다. 세 개의 접속사 중에 가장 감정을 실어 강하게 말하고 싶을 때 쓰고, 구어체로 가장 많이 씁니다. 'even it was raining'처럼 생략해서 쓸 수는 없습니다.

though

비가 왔는데도 그는 밖에 나갔어.

He went outside, though it was raining.

though가 문장 중간에 들어가는 경우, 발음이 매끄럽게 연결되지 않아 although나 even though로 대신 말하는 경우가 많습니다. though는 보통 문장 마지막에 부사처럼 씁니다.

though

그는 밖에 나갔어. 비가 왔는데도 말이지.

He went outside. It was raining, though.

though는 문장의 맨 마지막에 여운을 남기듯이 쓰기도 합니다. 이때는 접속사가 아니며 앞 문장에 마침표 찍어 끝내고, 뒤 문장에 '~인데도 말이지…'처럼 여운을 남기듯이 말할 때 씁니다.

긴 문장으로 바꿔 말해 봅시다.

① 비가 왔는데도 그는 수영을 갔어.

② 비가 왔는데도 불구하고 그는 수영을 갔어.

③ 그는 수영을 갔어. 비가 왔는데도 말이지.

④ 비가 왔는데도 그녀는 산책을 갔어.

⑤ 비가 왔는데도 불구하고 그녀는 산책을 갔어.

⑥ 그녀는 산책을 갔어. 비가 왔는데도 말이지.

⑦ 비가 왔는데도 그는 조깅을 갔어.

⑧ 비가 왔는데도 불구하고 그는 조깅을 갔어.

⑨ 그는 조깅을 갔어. 비가 왔는데도 말이지.

⑩ 비가 왔는데도 그는 스키 타러 갔어.

⑪ 비가 왔는데도 불구하고 그는 스키 타러 갔어.

⑫ 그는 스키 타러 갔어. 비가 왔는데도 말이지.

⑬ 비가 왔는데도 그녀는 밖에 나갔어.

⑭ 비가 왔는데도 불구하고 그녀는 밖에 나갔어.

⑮ 그녀는 밖에 나갔어. 비가 왔는데도 말이지.

다음 표현들은 1분 말하기에서 활용됩니다.

1 He went swimming, although it was raining.

2 He went swimming, even though it was raining.

3 He went swimming. It was raining, though.

4 She went for a walk, although it was raining.

5 She went for a walk, even though it was raining.

6 She went for a walk. It was raining, though.

7 He went jogging, although it was raining.

8 He went jogging, even though it was raining.

9 He went jogging. It was raining, though.

10 He went skiing, although it was raining.

11 He went skiing, even though it was raining.

12 He went skiing. It was raining, though.

13 She went outside, although it was raining.

14 She went outside, even though it was raining.

15 She went outside. It was raining, though.

Unit. 11

if / as long as / if only

접속사로 붙여 길게 말하기

긴 문장 말하기에서 가장 어려워하는 것이 if가 들어가는 문장입니다. 두 가지 종류가 있어 헷갈릴 수 있지만 구조와 뉘앙스를 정확히 알면 쉽게 말할 수 있습니다.

if의 첫 번째 뉘앙스는 앞으로 '이런 조건이 충족된다면'입니다. '날씨가 화창하 다는 조건이 충족된다면, ~할 거야'처럼 말합니다. '~할 거야'는 will을 쓰면 되 겠죠?

- If it is sunny, I will go on a picnic.

  만약 날씨가 화창하다는 조건이 충족된다면, 소풍을 갈 거야.

if의 두 번째 뉘앙스는 '만약 (지금과 반대로) ~했다면'입니다. 이미 지금 비가 오고 있다면 이 상황을 바꿀 순 없지만, 가정은 해 볼 수 있겠죠. '만약 (지금과 반대로) 날씨가 화창했다면, 소풍을 갔을 텐데[가고 싶은데]'처럼 말합니다. '~하고 싶은데'는 would를 쓰면 됩니다. 이때 주의해야 하는 것은 앞 문장의 동 사를 과거로 쓴다는 겁니다. 과거형을 이용해 가정하는 느낌을 말할 수 있어요.

- If it were sunny, I would go on a picnic.

  만약 지금과 반대로 날씨가 화창했다면, 소풍을 갔을 텐데.

문장 활용하기

---

if

날씨가 화창하면, 여행을 갈 거야.

If it is sunny, I will go on a trip.

조건은 일어나기 전에 말하며 '만약 이런 조건이 충족된다면', 가정은 이미 일어났을 때 말하며 '만약 반대로 이런 사건이 일어났다면'입니다. 조건의 경우 if 현재 동사와 will로 말합니다.

---

if

날씨가 화창했다면, 여행을 갔을 텐데.

If it were sunny, I would go on a trip.

가정하는 경우 약한 어조의 would로 말합니다. '~했을 텐데'는 '실은 ~하고 싶은데'라는 뜻입니다. would는 like to와 붙여 '~하고 싶다'라는 뜻으로 쓰니까 뉘앙스가 느껴지죠? 뒤 문장에 will의 과거형 would를 썼듯이 앞 문장도 맞춰서 과거형 동사로 말합니다.

---

as long as

날씨가 좋은 한, 소풍을 갈 거야.

As long as it is sunny, I will go on a picnic.

'as long as'는 '~하는 한'이란 뜻으로, if 조건 대신 쓸 수 있습니다. long의 뜻은 '긴'이죠. 그래서 '그 사건이 일어나는 길이만큼, 그 동안만큼'이란 의미입니다.

---

if only

날씨가 좋기만 했다면, 소풍을 갔을 텐데.

If only it were sunny, I would go on a picnic.

가정하는 if 다음에 only를 쓰면 강조해 주는 표현이 됩니다. only의 뜻 '오직', '단지'라는 뉘앙스가 가미되어 '다른 건 모르겠고 단지 이 일이 일어나기만 했다면, ~했을 텐데'란 뜻입니다.

긴 문장으로 바꿔 말해 봅시다.

① 날씨가 화창하면, 수영을 갈 거야.

② 날씨가 화창했다면, 수영을 갔을 텐데.

③ 날씨가 좋은 한, 수영을 갈 거야.

④ 날씨가 좋기만 했다면, 수영을 갔을 텐데.

⑤ 날씨가 화창하면, 조깅을 갈 거야.

⑥ 날씨가 화창했다면, 조깅을 갔을 텐데.

⑦ 날씨가 좋은 한, 조깅을 갈 거야.

⑧ 날씨가 좋기만 했다면, 조깅을 갔을 텐데.

⑨ 날씨가 화창하면, 산책을 갈 거야.

⑩ 날씨가 화창했다면, 산책을 갔을 텐데.

⑪ 날씨가 좋은 한, 산책을 갈 거야.

⑫ 날씨가 좋기만 했다면, 산책을 갔을 텐데.

⑬ 날씨가 화창하면, 휴가를 갈 거야.

⑭ 날씨가 화창했다면, 휴가를 갔을 텐데.

⑮ 날씨가 좋은 한, 휴가를 갈 거야.

다음 표현들은 1분 말하기에서 활용됩니다.

1 If it is sunny, I will go swimming.
> Tip 1번은 일어나기 전에, 2번은 일어난 후에 하는 말입니다.

2 If it were sunny, I would go swimming.

3 As long as it is sunny, I will go swimming.
> Tip 3번은 일어나기 전에, 4번은 일어난 후에 하는 말입니다.

4 If only it were sunny, I would go swimming.

5 If it is sunny, I will go jogging.

6 If it were sunny, I would go jogging.

7 As long as it is sunny, I will go jogging.

8 If only it were sunny, I would go jogging.

9 If it is sunny, I will go for a walk.

10 If it were sunny, I would go for a walk.

11 As long as it is sunny, I will go for a walk.

12 If only it were sunny, I would go for a walk.

13 If it is sunny, I will go on a vacation.

14 If it were sunny, I would go on a vacation.

15 As long as it is sunny, I will go on a vacation.

Unit. 12

unless / what if / I wish

접속사로 붙여 길게 말하기

'만약 ~한 조건이 충족되지 않는다면'처럼 부정으로 말할 땐 unless로 말합니다. '만약 ~가 일어나면 어떨까?'의 물어보는 말인 'what if ~?' 그리고 if 없이도 가정하는 문장을 말할 수 있는 'I wish'도 배워 봅시다.

먼저 배운 대로 조건의 뉘앙스가 있는 **if**를 이용해 말해 보세요.

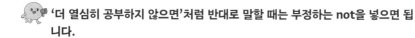

- I will get a job if I study harder.

  더 열심히 공부하면 취업할 수 있을 거야.

'더 열심히 공부하지 않으면'처럼 반대로 말할 때는 부정하는 **not**을 넣으면 됩니다.

- I will not get a job if I don't study harder.

  더 열심히 공부하지 않으면 취업할 수 없을 거야.

더 쉽게 말하는 방법이 있습니다. **unless(= if not)**를 이용하는 것이죠. **un-**에는 **not**처럼 부정하는 의미가 있습니다.

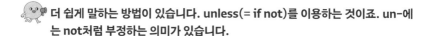

- I will not get a job unless I study harder.

  더 열심히 공부하지 않으면 취업할 수 없을 거야.

문장 활용하기

unless

택시를 타지 않으면 그곳에 도착할 수 없을 거야.

I will not get there unless I take a taxi.

unless 자체가 부정하는 의미라서 not이 없어도 됩니다. 'if I don't take a taxi'에서 if와 don't를 합친 것이 바로 unless입니다. unless 다음에 not 없이 문장을 붙여 말하는 연습을 하세요.

What if 주어 동사

취업하면 어떨까?

What if I get a job?

원래 구조는 "What (will happen) if I get a job?"입니다. "취업이 된다는 조건만 충족한다면 무슨 일이 생길까?"입니다. 'what if' 다음에 바로 '주어 + 동사'를 붙여 말합니다.

What if 주어 동사

돈을 많이 벌면 어떨까?

What if I made a lot of money?

원래 구조는 "What (would happen) if I made a lot of money?"입니다. 돈을 많이 못 벌고 있는 상황에서 반대로 돈을 많이 번다고 가정했을 때 무슨 일이 일어날지 상상하듯이 말하는 가정의 의미입니다.

I wish

취업할 수 있으면 좋겠다.

I wish I could get a job.

'I wish'는 소원을 말할 때 쓰는데, 소원은 이루어지지 않은 것을 반대로 가정해 보는 거죠? 가정의 뉘앙스인 과거형 could를 쓰며, 'I wish'와 문장 사이에 that이 있는 긴 문장이지만 다리는 항상 생략합니다.

긴 문장으로 바꿔 말해 봅시다.

① 더 열심히 공부하지 않으면 너는 시험에 통과할 수 없어.

② 더 열심히 일하지 않으면 너는 좋은 인상을 심어 줄 수 없어.

③ 빨래를 다 하지 않으면 나는 쉴 수가 없어.

④ 다림질을 다 하지 않으면 나는 쉴 수가 없어.

⑤ 내가 머리를 묶으면 어떨까?

⑥ 내가 영화를 제작하면 어떨까?

⑦ 내가 여행을 가면 어떨까?

⑧ 내가 스키를 타러 가면 어떨까?

⑨ 내가 부자였으면 어땠을까?

⑩ 내가 일 등이었으면 어땠을까?

⑪ 내가 새 차를 뽑으면 좋겠어.

⑫ 내가 친구가 많았으면 좋겠어.

⑬ 내가 여행을 갈 수 있으면 좋겠어.

⑭ 내가 일 등을 할 수 있으면 좋겠어.

⑮ 내가 떠날 수 있으면 좋겠어.

다음 표현들은 1분 말하기에서 활용됩니다.

❶ You will not pass the exam unless you study harder.

❷ You will not make a good impression unless you work harder.

❸ I cannot take a break unless I do my laundry.

❹ I cannot take a break unless I do my ironing.

❺ What if I do a ponytail?

❻ What if I make a movie?

❼ What if I go on a trip?

❽ What if I go skiing?

❾ What if I were rich?

❿ What if I were in first place?

⓫ I wish I could get a new car.

⓬ I wish I could have a lot of friends.

⓭ I wish I could go on a trip.

⓮ I wish I could be in first place.

⓯ I wish I could be away.

like / as if / as though / even if

접속사로 붙여 길게 말하기

like, as if, as though 다음에 문장을 붙여 '사실이 아닐 수도 있지만 마치 ~와 같은'이라는 뜻으로 쓸 수 있습니다. 'even if'는 조건의 if 뉘앙스가 들어 있어서 '만약 이런 조건이 충족될지라도'의 의미입니다.

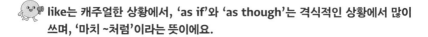 **like는 캐주얼한 상황에서, 'as if'와 'as though'는 격식적인 상황에서 많이 쓰며, '마치 ~처럼'이라는 뜻이에요.**

- I feel like I have a stye.

  = I feel as if I have a stye.

  = I feel as though I have a stye.

  마치 다래끼가 난 것 같아.

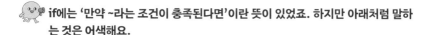 **if에는 '만약 ~라는 조건이 충족된다면'이란 뜻이 있었죠. 하지만 아래처럼 말하는 것은 어색해요.**

- If it takes ten hours, I will get there. (×)

  만약 열 시간이 걸린다면, 거기에 도착할 거야. (×)

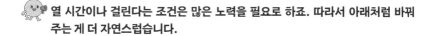 **열 시간이나 걸린다는 조건은 많은 노력을 필요로 하죠. 따라서 아래처럼 바꿔 주는 게 더 자연스럽습니다.**

- Even if it takes ten hours, I will get there.

  만약 열 시간이 걸린다 할지라도, 거기에 도착할 거야.

like

감기에 걸린 듯해.

I feel like I have a cold.

'마치 ~ 같아'라고 말할 때 일상에서 가장 자주 쓰는 단어는 like입니다. like에는 '좋아하다'라는 뜻이 있지만 이때는 뒤에 문장을 붙여서 'as if', 'as though'와 같은 뜻으로 씁니다.

as if

감기에 걸린 듯해.

I feel as if I have a cold.

as에 if '만약에'라는 뜻이 가미되어 '만약 사실이 아니더라도 마치 ~같은'이란 뉘앙스가 됩니다. 감기에 걸린 것 같았는데 병원에 가보니 아닐 수도 있는 거죠. 지금은 마치 그렇게 느낀다는 뜻입니다.

as though

감기에 걸린 듯해.

I feel as though I have a cold.

as에 though '~인데도'라는 뜻이 가미되어 '사실이 아닐 수 있는데도 마치 ~같은'이란 뜻이 됩니다. if와 though는 의미를 도와주는 역할만 하고 as의 '~처럼', '~ 같은'의 뜻이 훨씬 중요합니다.

even if

몇 년이 걸릴지라도, 취업을 할 거야.

Even if it takes many years, I will get a job.

어떤 조건이 많은 노력을 필요로 할 때는 강조해 주는 단어 even을 붙여 말합니다. even에는 '~조차'라는 뜻이 있습니다. 이렇게 힘든 일조차도 감내하겠다는 뉘앙스입니다.

긴 문장으로 바꿔 말해 봅시다.

1. 열이 나는 것 같아.

2. 열이 나는 것 같아.

3. 열이 나는 것 같아.

4. 배가 아픈 것 같아.

5. 배가 아픈 것 같아.

6. 배가 아픈 것 같아.

7. 두통이 있는 것 같아.

8. 두통이 있는 것 같아.

9. 두통이 있는 것 같아.

10. 몇 시간이 걸릴지라도, 최선을 다할 거야.

11. 몇 시간이 걸릴지라도, 결정을 내릴 거야.

12. 몇 시간이 걸릴지라도, 서울에 갈 거야.

13. 몇 시간이 걸릴지라도, 콘서트에 갈 거야.

14. 밤새 걸릴지라도, 그 업무를 할 거야.

15. 밤새 걸릴지라도, 그 숙제를 할 거야.

다음 표현들은 1분 말하기에서 활용됩니다.

1 I feel like I have a fever.

2 I feel as if I have a fever.

3 I feel as though I have a fever.

4 I feel like I have a stomachache.

5 I feel as if I have a stomachache.

6 I feel as though I have a stomachache.

7 I feel like I have a headache.

8 I feel as if I have a headache.

9 I feel as though I have a headache.

10 Even if it takes hours, I will do my best.

11 Even if it takes hours, I will make a decision.

12 Even if it takes hours, I will go to Seoul.

13 Even if it takes hours, I will go to the concert.

14 Even if it takes all night, I will do the work.

15 Even if it takes all night, I will do the homework.

Unit. 14

want / plan / decide / need

to를 이용해 동사 말하기

긴 문장 말하기 다음으로 연습할 구조는 동사 풍부하게 말하기입니다. Part1 단문에서는 한 문장에 동사 하나만 썼지만, 이제 두 개의 동사를 to, -ing, p.p.로 붙여 풍부하게 말해 봅시다.

 to를 붙여 말하는 동사는 모두 앞으로 할 일에 대해 말하는 느낌입니다.

- I want to make a difference.

  변화를 주고 싶어.

- I plan to make a difference.

  변화를 줄 계획이야.

- I decided to make a difference.

  변화를 주기로 결심했어.

- I need to make a difference.

  변화를 줄 필요가 있어.

※ want(~하기를 원하다), plan(~하려고 계획하다), decide(~하기로 결심하다), need(~할 필요가 있다)와 같은 동사는 미래 뉘앙스의 to와 함께 말합니다. to 다음에 Part1에서 배운 다양한 기본 동사 표현을 붙여 말해 보세요.

문장 활용하기

want to

컴퓨터 새로 장만하고 싶어?

Do you **want to** get a new computer?

want to는 to를 붙여 말하는 동사 중에 가장 자주 쓰입니다. want to 외에도 아래 다른 동사로 다양하게 말하는 연습을 해 보세요.

plan to

그녀가 컴퓨터를 새로 장만할 계획이래?

Does she **plan to** get a new computer?

plan(계획하다)이라는 단어는 미래의 느낌과 어울릴 수밖에 없습니다. 앞으로 할 것을 계획하기 때문입니다. 이미 한 것을 '계획하다'라고 말하진 않겠죠?

decide to

그가 컴퓨터를 새로 장만하기로 결심했어?

Did he **decide to** get a new computer?

decide는 주로 과거형으로 말합니다. 마음속으로 먼저 결심한 후 입 밖으로 말하는 시점에는 '(이미) 결심했다'라고 말하기 때문입니다. 결심하는 시점에 앞으로 무엇을 할 건지 생각했기 때문에 미래 느낌인 to가 잘 어울립니다.

need to

우리 컴퓨터를 새로 장만할 필요가 있나?

Do we **need to** get a new computer?

'~할 필요가 있다'라고 말할 때 '~할'에 해당하는 것이 바로 to입니다. '장만하다'를 '장만할'처럼 말하기 위해 get을 to get으로 바꾸게 되죠.

동사를 풍부하게 말해 봅시다.

① 그는 취직하길 원해.

② 그가 취직하길 원해?

③ 그녀는 취직할 계획이야.

④ 그녀가 취직할 계획이야?

⑤ 그는 취직하기로 결심했어.

⑥ 그가 취직하기로 결심했어?

⑦ 그는 언제 취직하기로 결심했어?

⑧ 우리는 휴식을 취할 필요가 있어.

⑨ 우리가 휴식을 취할 필요가 있을까?

⑩ 그는 좀 쉬기를 원해.

⑪ 그가 좀 쉬기를 원해?

⑫ 그녀는 쉴 계획이야.

⑬ 그녀가 쉴 계획이야?

⑭ 그는 쉬기로 결심했어.

⑮ 그가 언제 쉬기로 결심했어?

다음 표현들은 1분 말하기에서 활용됩니다.

❶ He wants to get a job.

❷ Does he want to get a job?

❸ She plans to get a job.
　Tip He, She로 현재형을 말할 때는 동사에 -s를 꼭 붙여 주세요.

❹ Does she plan to get a job?

❺ He decided to get a job.

❻ Did he decide to get a job?

❼ When did he decide to get a job?
　Tip 물어보는 문장 맨 앞에 의문사를 넣어서도 말해 보세요.

❽ We need to take a break.

❾ Do we need to take a break?

❿ He wants to take a break.

⓫ Does he want to take a break?

⓬ She plans to take a break.

⓭ Does she plan to take a break?

⓮ He decided to take a break.

⓯ When did he decide to take a break?

would like to

to를 이용해 동사 말하기

앞에서 would는 like to와 자주 쓰인다고 배웠습니다. like 대신에 love, prefer, hate도 넣을 수 있습니다. 모두 앞으로 일어날 일에 대한 감정을 보여 줍니다.

 원하는 일이 있을 때 **want to** 대신에 다양하게 말해 보세요.

- I would like to go on a vacation.

  휴가 가고 싶다.

- I would love to go on a vacation.

  휴가 가면 정말 좋겠다.

- I would prefer to go on a vacation.

  차라리 휴가를 가고 싶다.

※ '하고 싶다'라는 말은 이렇게 다양합니다. 영어를 잘한다는 건 어려운 단어로 말하는 게 아니라, 항상 같은 말만 하지 않고 다양하게 바꿔 말할 수 있느냐에 달려 있습니다.

문장 활용하기

would like to	헬스장에 가고 싶어. **I would like to go to the gym.** "I'd like to go to the gym."처럼 줄여 말할 수도 있습니다. 물어볼 때는 'Would you like to ~?' 다음에 동사를 붙입니다.

would love to	헬스장에 가면 정말 좋겠다. **I would love to go to the gym.** 한국어 '사랑한다'라는 말은 주로 사람에게 쓰지만 영어는 물건이나 상황에도 쓸 수 있습니다. like보다 더 하고 싶다는 뉘앙스로 '하게 되면 정말 좋겠다'라는 강한 감정을 보여 줍니다.

would prefer to	차라리 헬스장에 가고 싶어. **I would prefer to go to the gym.** prefer은 '선호한다'라는 뜻으로, 두 개 중 한 쪽보다 다른 쪽이 더 좋다는 뜻입니다. 의문사에서 what과 달리 which는 선택지가 있는 뉘앙스인 것처럼, like나 love에 비해 prefer도 선택지가 있을 때 씁니다.

would hate to	헬스장에 가기 싫어. **I would hate to go to the gym.** 'I don't want to ~(원치 않는다)'라고 말할 수도 있지만 hate로 '싫다'라고 말할 수도 있겠죠. 'I'd hate to'로 줄여 말할 수도 있습니다.

동사를 풍부하게 말해 봅시다.

① 대학원에 다니고 싶어.

② 대학원에 다니면 정말 좋겠다.

③ 차라리 대학원을 다니는 게 좋겠어.

④ 대학원을 다니기 싫어.

⑤ 일하러 가고 싶어.

⑥ 일하러 가면 정말 좋겠다.

⑦ 차라리 일하러 가는 게 좋겠어.

⑧ 일하러 가기 싫어.

⑨ 변화를 주고 싶어.

⑩ 변화를 주면 정말 좋겠다.

⑪ 차라리 변화를 주는 게 좋겠어.

⑫ 변화를 주고 싶지 않아.

⑬ 자러 가고 싶어.

⑭ 자러 가면 정말 좋겠다.

⑮ 차라리 자러 가는 게 좋겠어.

다음 표현들은 1분 말하기에서 활용됩니다.

1 I would like to go to grad school.

2 I would love to go to grad school.

3 I would prefer to go to grad school.

4 I would hate to go to grad school.

5 I would like to go to work.

6 I would love to go to work.

7 I would prefer to go to work.

8 I would hate to go to work.

9 I would like to make a difference.

10 I would love to make a difference.

11 I would prefer to make a difference.

12 I would hate to make a difference.

13 I would like to go to bed.

14 I would love to go to bed.

15 I would prefer to go to bed.

I want you to

to를 이용해 동사 말하기

I want to는 '내가 무언가를 하고 싶다'는 의미이지만, I want you to는 '상대가 ~하기를 내가 원한다'는 뜻입니다. want와 to 사이에 사람을 뜻하는 단어를 넣을 수 있습니다.

 **먼저 자신이 원하는 것을 말해 볼게요.**

- I want to have a dream.

  나는 꿈이 있으면 좋겠어.

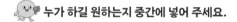 **누가 하길 원하는지 중간에 넣어 주세요.**

- I want you to have a dream.

  나는 네가 꿈이 있으면 좋겠어.

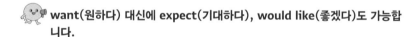 **want(원하다) 대신에 expect(기대하다), would like(좋겠다)도 가능합니다.**

- I expect you to have a dream.

  나는 네가 꿈을 가지길 기대하고 있어.

- I would like you to have a dream.

  나는 네가 꿈을 가지면 좋을 것 같아.

※ you 자리에 me(나), us(우리), them(그들), him(그), her(그녀)가 가능합니다.

문장 활용하기

want

네가 집안일을 하기를 원해.

I **want** you **to** do your chores.

'I want you to ~' 다음에 상대가 행동했으면 하는 뜻의 동사를 붙이면 됩니다. '나는 그들이 하길 원한다'는 'I want them to ~'로, '나는 그가 하길 원한다'는 ' want him to ~'처럼 말할 수 있습니다.

expect

네가 집안일을 하기를 기대해 볼게.

I **expect** you **to** do your chores.

'I expect(나는 기대한다) + you to do your chores(네가 앞으로 집안일할 것을)', 이렇게 두 덩어리로 나눠 보면 이해하기 쉽겠죠? 앞으로 상대가 할 일을 기대하기 때문에 to와 잘 어울립니다.

would like

네가 집안일을 하면 좋겠어.

I **would like** you **to** do your chores.

want보다 좀 더 부드럽게 말하고 싶을 때 'would like to'로 말합니다. '네가 ~하길 원해' 보다 '네가 ~하면 참 좋겠어'가 더 공손하죠. 그 사람이 해 주면 좋겠다 싶은 행동을 to 다음에 말합니다.

의문문

내가 집안일을 하기를 원해?

Do you **want** me **to** do my chores?

위의 모든 문장을 물어보는 말로 바꿔 말할 수 있지만, 특히 자주 쓰는 문장 구조는 내가 하길 원하냐고 물어보는 'Do you want me to ~?'입니다. '제가 ~해 드릴까요?'라고 말하고 싶을 때도 쓸 수 있습니다.

동사를 풍부하게 말해 봅시다.

① 네가 나에게 호의를 베풀어 주길 원해.

② 네가 나에게 호의를 베풀어 주길 기대해.

③ 네가 나에게 호의를 베풀어 주면 좋겠어.

④ 내가 너에게 호의를 베풀어 주길 원하니?

⑤ 나는 그가 학교 다니길 원해.

⑥ 나는 그가 학교 다니길 기대하고 있어.

⑦ 나는 그가 학교 다니면 좋겠어.

⑧ 너는 그가 학교 다니길 원하니?

⑨ 나는 그들이 시간을 내길 원해.

⑩ 나는 그들이 시간을 내길 기대하고 있어.

⑪ 나는 그들이 시간을 내면 좋겠어.

⑫ 너는 그들이 시간을 내길 원해?

⑬ 그들은 우리가 그 콘서트에 가길 원해.

⑭ 그들은 우리가 그 콘서트에 가길 기대해.

⑮ 그들은 우리가 그 콘서트에 갔으면 해.

다음 표현들은 1분 말하기에서 활용됩니다.

① I want you to do me a favor.

② I expect you to do me a favor.

③ I would like you to do me a favor.

④ Do you want me to do you a favor?
   Tip '너에게 호의를 베풀어 주길 원하냐'는 뜻으로 문장에 두 번 나오는 you를 헷갈리지 않도록 조심하세요.

⑤ I want him to go to school.

⑥ I expect him to go to school.

⑦ I would like him to go to school.

⑧ Do you want him to go to school?

⑨ I want them to make time.

⑩ I expect them to make time.

⑪ I would like them to make time.

⑫ Do you want them to make time?

⑬ They want us to go to the concert.

⑭ They expect us to go to the concert.

⑮ They would like us to go to the concert.

Unit. 17

make / let / have / help
to를 이용해 동사 말하기

'I want you to ~'와 비슷한 문장이지만 to의 미래 느낌이 필요 없어서 생략하는 경우도 있습니다. 미래가 아닌 지금 당장 상대가 하게 한다는 뉘앙스의 make, let, have, help를 배워 봅시다.

먼저 앞에서 배운 문장을 말해 볼게요.

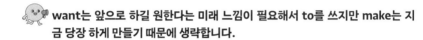

* I want him to make time.

    나는 그가 시간을 내 주면 좋겠어.

want는 앞으로 하길 원한다는 미래 느낌이 필요해서 to를 쓰지만 make는 지금 당장 하게 만들기 때문에 생략합니다.

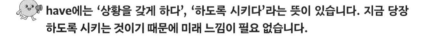

* I made him make time.

    나는 그가 시간을 내게 만들었어.

have에는 '상황을 갖게 하다', '하도록 시키다'라는 뜻이 있습니다. 지금 당장 하도록 시키는 것이기 때문에 미래 느낌이 필요 없습니다.

* I had him make time.

    나는 그에게 시간을 내라고 했어.

make

나는 그가 헬스장에 가게 만들었어.

I made him go to the gym.

make는 '강제적으로 하게 만든다'는 뜻입니다. 이 문장에서는 '내가 만들었다 + 그가 그 일을 하도록'으로 해석할 수 있는데 미래 느낌을 주는 to 없이 어떤 행동인지 동사만 말합니다.

let

나는 그녀가 사진을 찍게 뒀어.

I let her take a picture.

let은 '하게 뒀다'라는 뜻으로, 상대의 행동을 '허용한다'는 것입니다. 이 문장은 '내가 하게 뒀다 + 그가 사진을 찍도록'으로 해석할 수 있겠죠. 지금 당장 하도록 두는 것이라서 to가 필요 없습니다.

have

나는 그가 조사하게 시켰어.

I had him do some research.

have의 '가지다'라는 뜻에는 높은 사람이 아랫사람을 가지고(= 데리고) 시킨다는 뉘앙스가 있습니다. 선생님이 학생들에게 시키거나, 상사가 부하에게 시킬 때도 쓸 수 있습니다. 지금 당장 시키기 때문에 to는 뺍니다.

help

나는 그가 조사하는 것을 도와줬어.

I helped him (to) do some research.

help는 미래 느낌의 to를 뺄 수도 있고 넣을 수도 있습니다. 원어민들이 일상에서 편하게 말할 때는 그냥 to를 빼고 간단하게 말하곤 합니다.

동사를 풍부하게 말해 봅시다.

① 그들은 내가 허드렛일을 하게 만들었어.

② 그들은 내가 사진을 찍게 됐어.

③ 그들은 내가 조사를 하게 시켰어.

④ 그들은 내가 자신감을 갖도록 도와줬어.

⑤ 나는 그가 미국으로 출장을 가게 만들었어.

⑥ 나는 그가 미국으로 출장을 가게 됐어.

⑦ 나는 그가 미국으로 출장을 가게 시켰어.

⑧ 나는 그가 미국으로 출장을 가도록 도와줬어.

⑨ 나는 그가 액션을 취하게 만들었어.

⑩ 나는 그가 액션을 취하게 됐어.

⑪ 나는 그가 액션을 취하게 시켰어.

⑫ 나는 그가 액션을 취하게 도와줬어.

⑬ 나는 그들이 그 업무를 하게 만들었어.

⑭ 나는 그들이 그 업무를 하게 시켰어.

⑮ 나는 그들이 그 업무를 하게 도와줬어.

다음 표현들은 1분 말하기에서 활용됩니다.

① They made me do the chores.

② They let me take a picture.

③ They had me do some research.

④ They helped me (to) have confidence.

⑤ I made him go on a business trip to America.
　Tip to 다음에 장소가 나오는 경우는 미래의 느낌이 아니라 '~쪽으로'라는 뜻의 전치사입니다.

⑥ I let him go on a business trip to America.

⑦ I had him go on a business trip to America.

⑧ I helped him (to) go on a business trip to America.

⑨ I made him take action.

⑩ I let him take action.

⑪ I had him take action.

⑫ I helped him (to) take action.

⑬ I made them do the work.

⑭ I had them do the work.

⑮ I helped them (to) do the work.

enjoy / keep / finish / mind
-ing를 이용해 동사 말하기

to는 미래 느낌, 특별한 사건의 느낌이지만 반대로 -ing는 현재 느낌, 항상 진행되며 일상적인 느낌을 말하고 싶을 때 씁니다.

 먼저 to를 이용해 말해 보세요.

* I would like **to** do yoga.

  나는 요가를 하고 싶어. (아직 요가를 하지 않음)

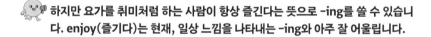 **하지만 요가를 취미처럼 하는 사람이 항상 즐긴다는 뜻으로 -ing를 쓸 수 있습니다. enjoy(즐기다)는 현재, 일상 느낌을 나타내는 -ing와 아주 잘 어울립니다.**

* I enjoy **doing** yoga.

  나는 요가하는 것을 즐겨. (요가를 자주 함)

※ to는 특정한 행동을 앞으로 하고 싶다고 말할 때, -ing는 취미처럼 반복되는 것을 좋아한다고 말할 때 주로 씁니다.

enjoy

나는 유산소 운동을 즐겨.

I enjoy doing cardio.

enjoy는 to와 쓰이지 않습니다. to를 붙이면 미래 느낌으로 바뀌는 데, "나는 유산소 운동을 할 것을 즐겨."는 어색하기 때문입니다. 취미처럼 항상 즐기며 자주 하는 것은 -ing로 말합니다.

keep

나는 계속 똑같은 실수를 하고 있어.

I keep making the same mistakes.

해외에서 "Keep going!" 같은 표지판을 보실 수 있습니다. 지금까지 오던 길 그대로 계속 가라는 뜻인데요. 지금까지 진행되었고, 지금도 일어나는 중이고, 계속 진행될 일을 표현하는 것이라서 -ing가 잘 어울립니다.

finish

나 일하는 거 마쳤어.

I finished doing my work.

finish는 일을 마쳤다는 뉘앙스입니다. 비슷한 뜻인 stop은 동작을 잠깐 멈췄고, 다시 시작할 수 있다는 뉘앙스입니다. quit은 아예 그만두어서 더 이상 하지 않는다는 뉘앙스입니다. 진행되어 온 것을 막 끝낸 것이라 모두 -ing와 함께 씁니다.

mind

나는 그 일 하는 거 꺼리지 않아.

I don't mind doing the work.

mind는 주로 부정문으로 바꿔 말합니다. "I don't mind."는 어떤 일을 꺼리지 않아 일상적으로 자주 그렇게 한다는 뜻입니다. 특정 사건이 일어나지 않았으면 좋겠다는 'I would hate to ~'와 다르게 -ing가 더 잘 어울립니다.

실전 표현 연습하기

동사를 풍부하게 말해 봅시다.

1 나는 근력 운동 하는 걸 즐겨.

2 나는 일하러 가는 걸 즐겨.

3 나는 헬스장에 가는 걸 즐겨.

4 나는 계속 변명을 하고 있어.

5 나는 계속 최선을 다하고 있어.

6 나는 계속 메시지를 받고 있어.

7 나는 설거지하는 것을 마쳤어.

8 나는 빨래하는 것을 마쳤어.

9 나는 화장하는 것을 마쳤어.

10 나는 소란을 피우던 것을 멈췄어.

11 나는 변명하는 것을 멈췄어.

12 나는 헬스장 가는 것을 그만뒀어.

13 나는 일요일에 회사 가는 거 괜찮아.

14 내가 설거지하는 거 괜찮아.

15 내가 빨래하는 거 괜찮아.

다음 표현들은 1분 말하기에서 활용됩니다.

① I enjoy doing weight training.

② I enjoy going to work.

③ I enjoy going to the gym.

④ I keep making excuses.

⑤ I keep doing my best.

⑥ I keep getting messages.

⑦ I finished doing the dishes.

⑧ I finished doing the laundry.

⑨ I finished doing my makeup.

⑩ I stopped making a fuss.

⑪ I stopped making excuses.

⑫ I quit going to the gym.

⑬ I don't mind going to work on Sunday.
  Tip 'I don't mind'의 '꺼리지 않아'는 '괜찮아'라는 뜻과 같겠죠?

⑭ I don't mind doing the dishes.

⑮ I don't mind doing the laundry.

start / begin / continue
-ing를 이용해 동사 말하기

'시작하다'라는 뜻의 동사 start, begin, continue는 to나 -ing 모두 붙여 말할 수 있습니다. to는 앞으로 해야 할 것을 시작한다, -ing는 평소 하던 행동을 시작한다는 뉘앙스로 둘 다 같은 뜻입니다.

 다음과 같이 말할 수 있습니다.

- I started to do some research.

  나는 조사하기 시작했어.

- I started doing some research.

  나는 조사하는 것을 시작했어.

 start와 begin은 '새로 시작하다', continue는 '쉬지 않고 계속하다'라는 뜻입니다.

- I continued to do some research.

  나는 계속 이어서 조사했어.

start

나는 화장을 하기 시작했어.

I started to do my makeup.

start 다음에 to가 아닌 -ing를 붙여도 같은 뜻입니다. "I started doing my makeup."처럼 말할 수 있죠. start는 stop의 반대말로, 시작과 정지가 자주 일어나는 가벼운 행동을 말할 때 씁니다.

begin

나는 액션을 취하기 시작했어.

I began to take action.

begin 다음에 to가 아닌 -ing를 붙여도 같은 뜻입니다. "I began taking action."처럼 말할 수 있죠. begin은 end의 반대말로, 시작 단계와 결말이 명확한 공식적이고 형식적인 상황에 씁니다.

continue

나는 영상을 계속 만들었어.

I continued to make videos.

continue 다음에 to가 아닌 -ing를 붙여도 같은 뜻입니다. "I continued making videos.(나 영상 만드는 것을 계속 이어서 했어.)"처럼 말할 수 있죠. continue는 쉬지 않고 계속하는 상황에 씁니다.

stop

나는 쉬려고 (하던 일을) 멈췄다.

I stopped to take a break.

stop은 원래 -ing와 쓰지만, 가끔 to가 붙을 때도 있습니다. 이때는 -ing 부분이 생략된 것입니다. "I stopped (doing my work) to take a break.(쉬기 위해 (일하는 것을) 멈췄다.)"처럼 말이죠.

실전 표현 연습하기

동사를 풍부하게 말해 봅시다.

① 나는 비타민을 복용하기 시작했어.

② 나는 비타민을 복용하는 것을 시작했어.

③ 나는 수업을 듣기 시작했어.

④ 나는 수업 듣는 것을 시작했어.

⑤ 나는 조사를 계속 했어.

⑥ 나는 조사하는 것을 계속 했어.

⑦ 나는 빨래를 하기 시작했어.

⑧ 나는 빨래하는 것을 시작했어.

⑨ 나는 집안일을 하기 시작했어.

⑩ 나는 집안일하는 것을 시작했어.

⑪ 나는 가죽 공예를 계속 하고 있어.

⑫ 나는 가죽 공예 하는 것을 계속 하고 있어.

⑬ 나는 화장하기 시작했어.

⑭ 나는 화장하는 것을 시작했어.

⑮ 그는 변명하기 시작했어.

다음 표현들은 1분 말하기에서 활용됩니다.

① I started to take vitamins.

② I started taking vitamins.

③ I began to take a class.

④ I began taking a class.

⑤ I continued to do some research.

⑥ I continued doing some research.

⑦ I started to do the laundry.

⑧ I started doing the laundry.

⑨ I began to do the chores.

⑩ I began doing the chores.

⑪ I continue to do leather crafts.

⑫ I continue doing leather crafts.

⑬ I started to do my makeup.

⑭ I started doing my makeup.

⑮ He began to make excuses.

Unit. 20

remember / regret / forget / try
-ing를 이용해 동사 말하기

이번에 나올 동사들은 to와 -ing를 붙이는 것에 따라 뜻이 달라집니다. to는 아직 일어나지 않은 일에, -ing는 이미 일어난 일에 씁니다.

 다음과 같이 말할 수 있습니다.

- I regret to say this.

   이걸 말하려니 유감이에요. (아직 말하지 않음, 사건이 안 일어남)

- I regret saying that.

   그걸 말한 것이 후회돼요. (이미 말함, 사건이 진행됨)

※ regret은 안타까울 때 쓰는 동사입니다. to와 쓰면 '유감이다', -ing와 쓰면 '후회된다'라는 뜻이 됩니다. 헷갈릴 수 있으니 'regret to'는 '앞으로 하려니 안타깝다', 'regret -ing'는 '이미 해서 안타깝다'로 뉘앙스를 기억해 두면 좋습니다.

164

문장 활용하기

remember

약을 복용한 것이 기억이 안 나.

I can't remember taking my medicine.

'remember to'는 앞으로 해야 할 일을 기억한다는 뜻이고, 'remember -ing'는 이미 했던 일을 기억한다는 뜻입니다. 두 번째 는 이미 한 행동이 머릿속에서 계속 생생하게 기억된다는 -ing의 느 낌으로 기억하세요.

regret

새 차를 뽑은 걸 후회해.

I regret getting a new car.

새 차를 뽑은 것은 이미 진행된 사건입니다. regret과 -ing를 쓰면 '후회된다'라는 뜻이었죠. 반대로 'regret to'는 주로 상대에게 안 좋은 일을 말하기 전에 '~하려니 유감이다'처럼 쓰입니다.

forget

약 복용해야 하는 걸 까먹었어.

I forgot to take my medicine.

'forget to'는 해야 할 일이 있었는데 까먹어서 그 일을 안 했다는 뉘앙스입니다. 'forget -ing'는 이미 한 일에 대해 했는지 안 했는 지 기억이 안 난다는 뉘앙스입니다.

try

최선을 다하려고 노력 중이야.

I'm trying to do my best.

'try to'는 앞으로 그 일을 하려고 노력한다는 뜻이므로 to 다음에 나오는 동사는 아직 일어나지 않은 일입니다. 'try -ing'는 '그냥 한 번 해 봤다'라는 뜻이고, 이미 시도해 본 행동에 대해 말합니다.

165

동사를 풍부하게 말해 봅시다.

① 나 약을 복용했는지 기억이 안 나.

② 나 비타민을 복용했는지 기억이 안 나.

③ 나 보충제를 복용했는지 기억이 안 나.

④ 어젯밤에 집에 도착한 게 기억이 안 나.

⑤ 나는 결혼한 것을 후회해.

⑥ 나는 새로운 컴퓨터를 산 것을 후회해.

⑦ 나는 실수한 것을 후회해.

⑧ 나는 로스쿨에 간 것을 후회해.

⑨ 나는 이 대학원에 다니는 거 후회해.

⑩ 나 번호표 뽑는 걸 까먹었어.

⑪ 나 사진 찍는 걸 까먹었어.

⑫ 나 포인트 쌓는 걸 까먹었어.

⑬ 나 그 표를 예매하려고 노력하는 중이야.

⑭ 나 그 도둑을 잡으려고 노력하는 중이야.

⑮ 나 사진을 찍으려고 노력하는 중이야.

다음 표현들은 1분 말하기에서 활용됩니다.

❶ I can't remember taking my medicine.

❷ I can't remember taking my vitamins.

❸ I can't remember taking my supplements.

❹ I can't remember getting home last night.

❺ I regret getting married.
> Tip 'get married'는 '결혼하다'라는 의미입니다.

❻ I regret getting a new computer.

❼ I regret making the mistake.

❽ I regret going to law school.
> Tip 'go to school'은 '학교에 진학한다'는 뜻이 있습니다. 'law school'처럼 구체적으로도 말할 수 있습니다.

❾ I regret going to this grad school.

❿ I forgot to take a number.

⓫ I forgot to take a picture.

⓬ I forgot to get points.

⓭ I'm trying to get the ticket.
> Tip 'try to'는 'I'm trying to(노력하는 중이야)' 형태로 자주 씁니다.

⓮ I'm trying to get the thief.

⓯ I'm trying to take a picture.

see -ing / hear -ing
-ing를 이용해 동사 말하기

이 구조는 한 문장에 두 명의 주인공이 나오는 느낌입니다. 'I want you to ~'는 나는 원하고, 너는 앞으로 그걸 하라는 뜻이었죠. 'I saw you -ing'는 나는 봤고, 네가 하는 중이었다는 뜻입니다.

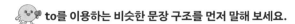 **to를 이용하는 비슷한 문장 구조를 먼저 말해 보세요.**

- I want him to do the dishes.

  나는 그가 설거지를 해 주면 좋겠어. (나는 원해+그가 설거지할 것을)

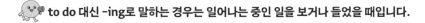 **to do 대신 -ing로 말하는 경우는 일어나는 중인 일을 보거나 들었을 때입니다.**

- I saw him doing the dishes.

  나는 그가 설거지하는 거 봤어. (나는 봤어+그가 설거지하는 중인 것을)

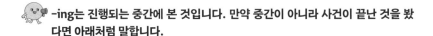 **-ing는 진행되는 중간에 본 것입니다. 만약 중간이 아니라 사건이 끝난 것을 봤다면 아래처럼 말합니다.**

- I saw him do the dishes.

  나는 그가 설거지한 거 봤어. (나는 봤어+그가 설거지를 다 한 거)

※ 동사 see, hear의 과거형인 saw, heard 다음에 사람 단어를 넣고 -ing나 동사를 붙여 말할 수 있습니다.

see -ing

나는 그녀가 설거지하는 것을 봤어.

I saw her doing the dishes.

'나는 봤어 + 그녀가 설거지하는 중인 것을'과 같은 구조이며, 올 수 있는 사람 단어는 me, you, us, them, him, her입니다. 설거지하고 있는 중간에 봤다고 말하는 상황이라 -ing로 씁니다.

see 동사

나는 그가 네 가방 가져간 것을 봤어.

I saw him take your bag.

'나는 봤어 + 그가 네 가방 가져가는 것을'과 같은 구조이며, take를 -ing로 바꾸지 않고 그대로 씁니다. 가방을 이미 가져가 버린, 다 끝난 사건을 봤기 때문에 -ing로 쓰지 않습니다.

hear -ing

나는 그들이 시끄럽게 구는 것을 들었어.

I heard them making noise.

'나는 들었어 + 그들이 시끄럽게 구는 중인 것을'과 같은 구조이며, -ing를 쓰고 있기 때문에 그들이 신나게 떠들고 있는 상황을 봤다는 뜻입니다.

hear 동사

나는 그녀가 변명한 것을 들었어.

I heard her make excuses.

'나는 들었어 + 그녀가 변명한 것을'과 같은 구조이며, make를 -ing로 바꾸지 않고 그대로 씁니다. 사건이 끝난 후에 말하는 뉘앙스입니다.

실전 표현 연습하기

동사를 풍부하게 말해 봅시다.

1 나 네가 점심 먹으러 가는 거 봤어.

2 나 그녀가 점심을 먹으러 가는 거 봤어.

3 그들은 네가 점심을 먹으러 가는 거 봤어.

4 그들은 그녀가 점심을 먹으러 가는 거 봤어.

5 나는 네가 전화 받은 거 봤어.

6 나는 그녀가 전화 받은 거 봤어.

7 그들은 네가 전화 받은 거 봤어.

8 그들은 그녀가 전화 받은 거 봤어.

9 나는 네가 시끄럽게 구는 거 들었어.

10 나는 그녀가 시끄럽게 구는 거 들었어.

11 그들은 네가 시끄럽게 구는 거 들었어.

12 그들은 그녀가 시끄럽게 구는 거 들었어.

13 나 네가 변명하는 거 들었어.

14 나 그녀가 변명하는 거 들었어.

15 그들은 네가 변명하는 거 들었어.

다음 표현들은 1분 말하기에서 활용됩니다.

① I saw you going for lunch.
> Tip "나 네가 점심 먹으러 가 버린 거 봤어."처럼 도중이 아니라 끝까지 봤다면 "I saw you go for lunch."라고 말합니다.

② I saw her going for lunch.

③ They saw you going for lunch.
> Tip 문장 처음의 주어 자리에는 I, You, We, They, He, She를 쓰고, 중간에는 me, you, us, them, him, her를 씁니다.

④ They saw her going for lunch.

⑤ I saw you take the call.

⑥ I saw her take the call.

⑦ They saw you take the call.

⑧ They saw her take the call.

⑨ I heard you making noise.

⑩ I heard her making noise.

⑪ They heard you making noise.

⑫ They heard her making noise.

⑬ I heard you make excuses.

⑭ I heard her make excuses.

⑮ They heard you make excuses.

Unit. 22

-ing
-ing를 이용해 동사 말하기

'~하면서 …했다'처럼 두 가지 상황이 동시에 일어났다면 -ing로 문장 마지막에 붙여서 말할 수 있습니다.

to를 문장 마지막에 붙이면 미래 느낌으로 '(앞으로) ~하기 위해서', '~하려고' 라는 뜻입니다.

- I did my best to get a job.

  나는 취직하려고 최선을 다했어.

-ing를 붙이면 '~하면서', '~하다가'입니다. 현재 동시에 생생하게 일어나는 상황을 말할 수 있습니다.

- I was at home doing the dishes.

  나는 설거지하면서 집에 있었다.

긴 문장과 비교해 볼까요?

- I listened to music while I was doing the dishes.

  난 설거지를 하는 동안 음악을 들었다.

뒤에 주어와 동사를 없애고 간단하게 말할 수 있습니다.

- I listened to music while doing the dishes.

  설거지를 하는 동안 음악을 들었다.

문장 활용하기

-ing

나는 집안일을 하면서 집에 있었다.

I was at home **doing** the housework.

'I was at home'까지만 말해도 문장은 끝납니다. 그 장소에 있을 때 동시에 일어난 일에 대한 추가적인 정보를 -ing를 붙여 말할 수 있습니다.

-ing

나는 무언가 조사하면서 사무실에 있었다.

I was at the office **doing** some research.

'어떤 장소에서 ~을 하면서 있었다'처럼 말하고 싶을 때 '~하면서'에 해당하는 게 바로 -ing입니다. 'I was at the office'까지만 말해도 문장은 끝나지만, 여기에 'doing some research'를 붙여 풍부하게 말할 수 있습니다.

---

while -ing

나는 숙제를 하는 동안 음악을 들었다.

I listened to music **while doing** my homework.

원래 긴 문장은 "I listened to music while I was doing my homework."입니다. 접속사 while에 -ing만 붙여 더 간단하게 말할 수 있습니다.

---

while -ing

나는 샤워하는 동안 그것에 대해 생각했다.

I thought about it **while taking** a shower.

원래 문장은 "I thought about it while I was taking a shower."입니다. 접속사 while에 -ing만 붙여 더 간단하게 말할 수 있습니다.

동사를 풍부하게 말해 봅시다.

1 나는 빨래를 하면서 집에 있었어.

2 나는 네일 케어를 하면서 집에 있었어.

3 나는 비즈 공예를 하면서 집에 있었어.

4 나는 청소기를 돌리면서 집에 있었어.

5 그는 무언가를 조사하면서 사무실에 있었어.

6 그녀는 무언가를 조사하면서 사무실에 있었어.

7 그들은 무언가를 조사하면서 사무실에 있었어.

8 나는 요가하는 동안 음악을 들었어.

9 나는 머리하는 동안 음악을 들었어.

10 나는 화장하는 동안 음악을 들었어.

11 나는 네일 케어를 하는 동안 음악을 들었어.

12 나는 아침을 먹는 동안 내 업무에 대해 생각했어.

13 나는 집안일을 하는 동안 내 업무에 대해 생각했어.

14 나는 설거지를 하는 동안 내 업무에 대해 생각했어.

15 나는 산책하는 동안 내 업무에 대해 생각했어.

다음 표현들은 1분 말하기에서 활용됩니다.

❶ I was at home doing the laundry.

❷ I was at home doing my nails.

❸ I was at home doing bead crafts.

❹ I was at home doing the vacuuming.

❺ He was at the office doing some research.

❻ She was at the office doing some research.

❼ They were at the office doing some research.

❽ I listened to music while doing yoga.

❾ I listened to music while doing my hair.

❿ I listened to music while doing my makeup.

⓫ I listened to music while doing my nails.

⓬ I thought about my work while having breakfast.

⓭ I thought about my work while doing the housework.

⓮ I thought about my work while doing the dishes.

⓯ I thought about my work while going for a walk.

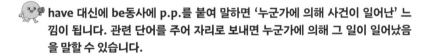

be p.p.

p.p.를 이용해 동사 말하기

to가 '미래'와 '특별한 사건'에 대한 느낌, -ing가 '현재'와 '일상'에 대한 느낌이라면 p.p.는 어떤 느낌일까요? 바로 '과거'와 '누군가에 의해 사건이 일어난(수동의)' 느낌입니다. p.p.의 과거 느낌은 이미 배웠습니다.

 먼저 과거의 일을 끄집어내는 느낌의 have p.p.로 말해 보세요.

• I have made a reservation.

　나 예약한 일이 있어.

 have 대신에 be동사에 p.p.를 붙여 말하면 '누군가에 의해 사건이 일어난' 느낌이 됩니다. 관련 단어를 주어 자리로 보내면 누군가에 의해 그 일이 일어났음을 말할 수 있습니다.

• A reservation was made.

　예약되었어.

※ p.p.의 뜻은 '하다'가 아닌 '되다'입니다. be동사 5개 또는 'will be'에 붙여 말할 수 있습니다.

문장 활용하기

~하다

그가 그 영상을 제작해.

He makes the video.

'~하다'라는 뜻의 일반적인 문장은 사람을 주어로 시작해 그 주어가 어떤 행동을 하는지 말합니다.

~되다

그 영상이 이 스튜디오에서 제작돼.

The video is made in this studio.

'~되다'라는 뜻의 수동형 문장은 주어에 사물이 나오고 그 사물이 사람에 의해 어떻게 되었는지 말할 수 있습니다. 이때 현재 사건의 경우, am, are, is 다음에 p.p.를 붙여 말합니다.

~되었다

그 영상이 제작되었어.

The video was made.

'~되었다'라는 뜻의 과거 사건의 경우, 주어에 사물이 나오고 was, were 다음에 p.p.를 붙여 말합니다.

~될 것이다

그 영상이 제작될 거야.

The video will be made.

미래에 일어날 수동형 문장은 'will be' 뒤에 p.p.를 붙입니다. "그가 그 영상을 제작할 거야."는 "He will make the video."이지만, "영상이 (그에 의해) 제작 될 거야."라고 할 때는 주어가 바뀝니다.

동사를 풍부하게 말해 봅시다.

① 화장 다 되었어.

② 머리 다 되었어.

③ 설거지가 다 되었어.

④ 저 택시에는 누가 타고 있어.

⑤ 커피가 만들어졌어.

⑥ 결정되었어.

⑦ 액션이 취해졌어.

⑧ 약속이 성사되었어.

⑨ (미용실이) 예약되었어.

⑩ 영화가 제작되었어.

⑪ 목록이 만들어졌어.

⑫ 결정될 거야.

⑬ 액션이 취해질 거야.

⑭ 약속이 성사될 거야.

⑮ 목록이 만들어질 거야.

다음 표현들은 1분 말하기에서 활용됩니다.

① My makeup is done.
> Tip 누가 했는지 명확하다면 문장 맨 뒤에 by로 붙여 말하기도 하지만 생략해도 무방합니다.

② My hair is done.

③ The dishes are done.

④ That taxi is taken.

⑤ Coffee was made.
> Tip 'be p.p.' 사이에 being을 쏙 넣으면 진행되고 있는 중임을 강조할 수 있어요. "Coffee was being made.(커피가 만들어지고 있는 중이었어.)"처럼 말이죠.

⑥ A decision was made.

⑦ Action was taken.

⑧ A promise was made.

⑨ An appointment was made.

⑩ A movie was made.

⑪ A list was made.
> Tip 'have p.p.'와 합쳐서 막 일어난 일임을 강조할 수 있어요. "A list has been made.(리스트가 막 만들어졌어.)"처럼 말이죠.

⑫ A decision will be made.

⑬ Action will be taken.

⑭ A promise will be made.

⑮ A list will be made.

Unit. 24

a / an / -s / X
디테일도 지켜 말하기

'주어+동사+관련 단어'로 이루어진 단문과, 단문을 붙여 말하는 긴 문장, 동사를 풍부하게 말하는 것 다음으로 연습해야 할 부분은 디테일입니다. 관련 단어의 디테일한 부분도 지켜 말해 봅시다.

영어는 관련 단어가 하나일 때는 무조건 a를 붙여 말합니다.

* I got a ticket.

  티켓 한 장을 예매했어.

모음으로 시작하는 단어 앞에서는 an으로 바뀝니다.

* I got an e-mail.

  이메일을 하나 받았어.

두 개 이상부터는 단어 뒤에 여러 개를 뜻하는 -s를 붙여 줍니다.

* I have two sons.

  나는 아들이 둘이야.

티켓은 한 장, 두 장 셀 수 있지만 와이파이는 한 개, 두 개처럼 세는 게 불가능합니다. 이 경우는 단어 앞뒤에 아무것도 붙이지 않습니다.

* I got wifi.

  와이파이를 잡았어.

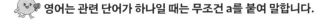
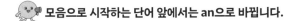
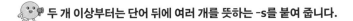

a

나는 할인을 받았어.

I got a discount.

티켓처럼 눈앞에서 한 장, 두 장 셀 수 있는 것뿐만 아니라 눈에 보이지 않는 하나의 사건도 a를 붙여 말할 수 있습니다. 'get a discount'는 한 번의 할인을 받는 사건을 말합니다.

an

그가 이메일을 하나 받았어.

He got an e-mail.

e-mail은 모음으로 시작하기 때문에 'a e-mail'이 아닌 'an e-mail'로 말해야 합니다. 모음 두개를 연달아 발음하는 건 어렵기 때문에 n을 붙여서 '모음-자음-모음'이 번갈아 나와 발음이 편해지도록 합니다.

-s

티켓 두 장을 예매했어.

I got two tickets.

두 개 이상일 때는 무조건 단어 뒤에 s를 붙입니다. '두 개', '세 개'처럼 정확하다면 'two tickets', 'three tickets'처럼 말하지만, 대충 서너 개, 대여섯 개, 예닐곱 개처럼 말한다면 'some tickets'라고 말할 수도 있습니다.

X

우리는 재미있는 시간을 보냈어.

We had fun.

재미는 하나라고 셀 수 없기 때문에 a를 붙일 수 없습니다. 두 개나 세 개가 될 수도 없기 때문에 -s를 붙이지도 않습니다.

실전 표현 연습하기

디테일도 지켜서 말해 봅시다.

1. 메시지를 하나 받았어.

2. 메시지를 두 개 받았어.

3. 나는 액션을 취했어.

4. 나는 사진 한 장을 찍었어.

5. 나는 사진 세 장을 찍었어.

6. 나는 재미있었어.

7. 나는 친구를 한 명 사귀었어.

8. 나는 친구를 두 명 사귀었어.

9. 나는 요가를 하는 중이야.

10. 나는 수업을 하나 듣는 중이야.

11. 나는 수업을 두 개 듣는 중이야.

12. 시간을 내 볼게.

13. 저는 아들이 하나예요.

14. 저는 아들이 둘이에요.

15. 나는 건성 피부야.

다음 표현들은 1분 말하기에서 활용됩니다.

① I got a message.

② I got two messages.

③ I took action.
> Tip 추상적인 활동인 action(행동), fun(재미)에는 앞에 아무것도 붙이지 않습니다.

④ I took a picture.

⑤ I took three pictures.

⑥ I had fun.

⑦ I made a friend.

⑧ I made two friends.

⑨ I'm doing yoga.
> Tip yoga, Pilates처럼 보이지 않는 규칙을 따라하는 운동에는 앞에 아무것도 붙이지 않습니다.

⑩ I'm taking a class.

⑪ I'm taking two classes.

⑫ I will make time.
> Tip time은 시, 분, 초라는 단위로 말하고, '시간 몇 개'라고 셀 수 없어서 앞에 아무것도 붙이지 않습니다.

⑬ I have a son.

⑭ I have two sons.

⑮ I have dry skin.
> Tip 피부는 셀 수 있는 명확한 형태가 없기에 앞에 아무것도 붙이지 않습니다.

the / this / that / my / X

디테일도 지켜 말하기

관련 단어 앞에 a(an) 대신 the, this, that, my를 붙이거나 아무것도 안 붙이고 말할 수도 있습니다. 이렇게 디테일을 지켜 말하면 그 단어가 하나인지 여러 개인지, 너도 알고 나도 아는 그것인지, 이쪽이나 저쪽에 있는 건지, 내 것인지, 추상적인 개념인지 명확하게 표현할 수 있습니다.

 메시지를 하나 또는 두 개를 받았다면 이렇게 말합니다.

• **I got** a message.

  나는 메시지를 하나 받았어.

• **I got** two messages.

  나는 메시지를 두 개 받았어.

 너도 알고 나도 알고 있는 '그 메시지'를 받았다고 말한다면 the를 붙입니다.

• **I got** the message.

  나는 그 메시지를 받았어.

 내 거라면 the 대신에 my를 붙일 수도 있습니다.

• **I will do** the chores.

  나는 집안일을 할 거야. (집에 있는 그 집안일)

• **I will do** my chores.

  나는 집안일을 할 거야. (내가 해야 할 집안일)

문장 활용하기

the

나는 그 청재킷으로 할 거야.
I will take the jean jacket.

쇼핑 중에 마음에 드는 청재킷을 가리키며 친구에게 말하는 느낌입니다. 친구도 알고 나도 아는 물건이라서 'the jean jacket(그 청재킷)'이라고 말할 수 있죠. 직원에게 꺼내 달라고 할 때도 쓸 수 있어요.

this / that

나는 이/저 청재킷으로 할 거야.
I will take this/that jean jacket.

나에게 가까이 있거나 내가 들고 있는 것은 'this'로, 나에게서 멀리 있는 것을 가리키며 'that'으로 말할 수 있어요.

my

나 화장할 거야.
I will do my makeup.

나와 관련된 단어는 my를 붙여 말하기도 합니다. '네일 케어를 하다(do my nails)', '숙제를 하다(do my homework)', '최선을 다하다(do my best)', '내 역할을 다하다(do my job)' 같은 예를 들 수 있죠.

the X

나 회사에 가는 중이야.
I'm going to work.

매일 가는 학교(school), 회사(work), 침대(bed)에는 the를 붙이지 않습니다. 본인의 학교를 '그 학교에 가다(go to the school)'처럼 말하면 어색하기 때문이죠. 약국처럼 가끔 가는 장소에는 the를 붙입니다.

디테일도 지켜서 말해 봅시다.

① 나 설거지를 할 거야.

② 나 이 택시를 탈 거야.

③ 나 저 택시를 탈 거야.

④ 나 내 빨래를 할 거야.

⑤ 그녀는 회사에 가는 중이야.

⑥ 그녀는 장을 보러 가는 중이야.

⑦ 나 다림질을 할 거야.

⑧ 나 이 버스를 탈 거야.

⑨ 나 저 버스를 탈 거야.

⑩ 나 내 다림질을 할 거야.

⑪ 그는 학교에 가는 중이야.

⑫ 그는 콘서트에 가는 중이야.

⑬ 나는 청소기를 돌릴 거야.

⑭ 나는 이 업무를 할 거야.

⑮ 나는 저 업무를 할 거야.

표현 확인하기

다음 표현들은 1분 말하기에서 활용됩니다.

1 I will do the dishes.
> Tip 'the dishes'처럼 여러 개를 뜻하는 단어 앞에 the를 붙이면 쌓여 있는 '그 그릇들'이라는 뜻입니다.

2 I will take this taxi.

3 I will take that taxi.

4 I will do my laundry.

5 She is going to work.

6 She is going to the grocery store.

7 I will do the ironing.

8 I will take this bus.

9 I will take that bus.

10 I will do my ironing.

11 He is going to school.

12 He is going to the concert.
> Tip 매일 다니는 장소를 제외하고 가끔 가는 곳은 '그 가게에 간다', '그 콘서트에 간다'라고 말해서 the를 붙입니다.

13 I will do the vacuuming.

14 I will do this work.

15 I will do that work.

some / any

디테일도 지켜 말하기

'티켓 네 장'은 'four tickets'라고 하지만 정확한 숫자로 말하지 않고 대충 서너 개, 대여섯 개라고 할 때는 'some tickets'라고 합니다. some은 양을 대충 말할 때도 쓸 수 있습니다.

 다음과 같이 말할 수 있습니다.

- ## Can I get a coffee?
  커피 한 잔 주문할 수 있을까요? (카페에서 주문하는 커피 한 잔의 느낌)

- ## Can I get some coffee?
  커피 좀 주문할 수 있을까요? (기내에서 컵에 따라 주는 커피의 느낌)

 some은 대충의 수나 양이 분명하게 있다는 가정 하에 쓰지만, 혹시 있는지 없는지 모를 때는 any를 씁니다.

- ## Do you have any coffee?
  혹시 커피 있어요? (지인의 집에서 물어보는 느낌)

 전혀 없다고 말할 때는 부정하는 동사와 any로 말합니다.

- ## We don't have any coffee.
  커피가 전혀 없어요. (혹시나 했지만 전혀 없는 느낌)

some

주스 좀 따라 주실 수 있어요?

Can I get some juice?

'좀'에 해당하는 말이 'some'입니다. 대충의 양을 말할 때 씁니다. 동사 'want to'에 붙여 "주스를 좀 마시고 싶어."는 "I want to get some juice."라고 말합니다.

any

혹시 물 있어요?

Do you have any water?

any는 있는지 없는지 모를 때 씁니다. water은 한 개, 두 개 셀 수 없는 액체이므로 -s를 붙이지 않습니다. "혹시 냅킨 있어요?(Do you have any napkins?)"처럼 셀 수 있는 물건이 any 다음에 나오면 -s를 붙입니다.

any

설탕이 전혀 없어요.

I don't have any sugar.

any에는 '혹시'라는 뉘앙스가 있는데, '혹시 있나 봤지만 전혀 없다'라고 말할 때 부정어와 함께 쓸 수 있습니다. 동전처럼 셀 수 있는 물건이 전혀 없다고 할 땐 "I don't have any coins.(동전이 전혀 없어요.)"라고 -s를 붙여야 합니다.

some-thing

눈에 뭔가 있어.

I have something in my eye.

some 다음에 구체적인 단어를 말하지 않고 something으로 분명히 무언가 있다고 말할 수 있습니다. 분명하지 않은 '어떤 것'이라고 말할 때는 anything을 씁니다. "I don't have anything in my pockets.(주머니에 아무것도 없어요.)"처럼 말할 수 있는 거죠.

디테일도 지켜서 말해 봅시다.

① 비타민을 좀 복용할래?

② 비타민을 좀 복용하고 싶어.

③ 혹시 비타민을 복용해?

④ 나는 비타민을 전혀 복용하지 않아.

⑤ 액션을 좀 취할래?

⑥ 액션을 좀 취하고 싶어.

⑦ 혹시 액션을 좀 취했니?

⑧ 나는 그 어떤 액션도 취하지 않았어.

⑨ 나 사진을 좀 찍었어.

⑩ 난 사진을 전혀 찍지 않았어.

⑪ 나 실수를 좀 했어.

⑫ 난 실수를 전혀 하지 않았어.

⑬ 난 꿈이 좀 있어.

⑭ 너 혹시 꿈이 있니?

⑮ 나는 꿈이 전혀 없어.

다음 표현들은 1분 말하기에서 활용됩니다.

① Will you take some vitamins?
> Tip vitamin은 비타민 B, C 등 종류가 다양하여 -s를 붙입니다.

② I want to take some vitamins.

③ Do you take any vitamins?

④ I don't take any vitamins.

⑤ Will you take some action?

⑥ I want to take some action.

⑦ Did you take any action?

⑧ I didn't take any action.

⑨ I took some pictures.
> Tip 사진을 한 장 찍을 때는 'take a picture', 여러 장을 찍을 때는 'take some pictures'라고 합니다.

⑩ I didn't take any pictures.

⑪ I made some mistakes.

⑫ I didn't make any mistakes.

⑬ I have some dreams.

⑭ Do you have any dreams?

⑮ I don't have any dreams.

all / most / both / none

디테일도 지켜 말하기

관련 단어뿐만 아니라 주어를 디테일하게 말할 수 있는 방법도 있습니다. '우리'를 뜻하는 we 대신에 '우리 모두(all of us)', '우리 중 대부분(most of us)'처럼 사람 주어도 바꿔 가며 말해 봅시다.

 다음과 같이 말할 수 있습니다.

- **All of us** have short hair.

  우리 모두 머리가 짧아.

- **Most of us** got Lasik surgery.

  우리 대부분 라식 수술을 받았어.

- **Both of us** had breakfast.

  우리 둘 다 아침을 먹었어.

- **None of us** had breakfast.

  우리 모두 아침을 안 먹었어.

※ us(우리들) 대신 you(너희들)나 them(그들)을 넣어서 '너희들 모두' all of you, '그들 모두' all of them이라고도 말할 수 있습니다.

All of us	우리 모두 보험이 있어.

All of us have insurance.

"우리는 보험이 있어."는 "We have insurance."라고 말하지만,
"우리 모두 보험이 있어."처럼 '모두'라는 단어를 추가해 말하고 싶
을 때는 we를 us로 바꾸고 'all of'를 붙여 줍니다.

Most of us	우리 중 대부분은 보험이 있어.

Most of us have insurance.

of의 뜻은 '부분 of 전체'입니다. '우리 전체 중에 대부분'이란 뜻입
니다. '너희 중 대부분'은 'Most of you', '그들 중 대부분'은 'Most
of them'입니다. most는 전체 인원 중 3분의 2 이상을 뜻합니다.

Both of us	우리 둘 다 보험이 있어.

Both of us have insurance.

셋 이상일 때 '전부'는 all이지만 두 명만 있을 때는 both로 말합니
다. '양쪽', '쌍방 모두'란 뜻입니다. '너희 둘 다'는 'both of you',
'걔네 둘 다'는 'both of them'입니다.

None of us	우리 중 아무도 보험이 없어.

None of us have insurance.

'no of us'라고 하면 모음 o가 두 번 연달아 나와서 발음이 어렵기
때문에 'none of us'라고 말합니다. 'none of us' 자체가 부정하는
단어이기 때문에 문장 뒤에 not이 들어가지 않습니다.

디테일도 지켜서 말해 봅시다.

① 우리 모두 얼굴에 점이 있어.

② 우리 중 대부분은 얼굴에 점이 있어.

③ 우리 둘 다 얼굴에 점이 있어.

④ 우리 중 아무도 얼굴에 점이 없어.

⑤ 우리 모두 학생이야.

⑥ 우리 중 대부분은 학생이야.

⑦ 우리 둘 다 학생이야.

⑧ 우리 중 아무도 학생이 아니야.

⑨ 그들은 모두 학교를 다녀.

⑩ 그들 중 대부분은 학교를 다녀.

⑪ 그들 둘 다 학교를 다녀.

⑫ 그들 중 아무도 학교를 다니지 않아.

⑬ 그들은 모두 가정이 있어.

⑭ 그들 중 대부분은 가정이 있어.

⑮ 그들 둘 다 가정이 있어.

다음 표현들은 1분 말하기에서 활용됩니다.

❶ All of us have a mole on the face.
> Tip '얼굴 피부 위'라는 뜻으로 on을 씁니다.

❷ Most of us have a mole on the face.

❸ Both of us have a mole on the face.

❹ None of us have a mole on the face.

❺ All of us are students.

❻ Most of us are students.

❼ Both of us are students.

❽ None of us are students.

❾ All of them go to school.

❿ Most of them go to school.

⓫ Both of them go to school.

⓬ None of them go to school.

⓭ All of them have a family.

⓮ Most of them have a family.

⓯ Both of them have a family.

a few / a little / many / a lot of

디테일도 지켜 말하기

정확한 숫자를 말하지 않고 대충의 수나 양을 말할 때 some으로 쓴다고 했습니다. 아주 적거나 많은 개수 혹은 양도 말해 볼게요.

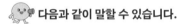 **다음과 같이 말할 수 있습니다.**

• I made a few mistakes.

  나는 실수를 몇 개 했어. (서너 개 정도 약간의 실수를 했다는 느낌)

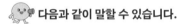 **서너 개는 적은 수의 숫자이기 때문에 a를 빼고 다음처럼 말할 수 있습니다.**

• I made few mistakes.

  나는 실수를 거의 안 했어. (서너 개의 실수밖에 안 했다는 느낌)

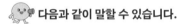 **몇 개처럼 셀 수 없고 양으로 말할 때 아주 약간은 a little입니다.**

• I will make a little time.

  시간을 잠깐 낼게.

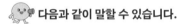 **많은 것은 many, much, a lot of, lots of를 붙입니다.**

• I don't have many friends.

  나는 친구가 많이 없어.

• I have a lot of friends.

  나는 친구가 많이 있어.

문장 활용하기

a few

그는 무대에서 실수를 몇 개 했어.

He made a few mistakes on the stage.

같은 상황에 대해 "실수를 서너 개 했어.(=a few)", "실수를 거의 안 했어.(=few)"처럼 다르게 말할 수 있습니다. "He made few mistakes.(그는 실수를 거의 하지 않았어.)"는 같은 상황을 다르게 표현한 것입니다.

a little

나는 시간을 잠깐 낼 수 있어.

I can make a little time.

셀 수 있는 단어는 'a few'로 말하지만 셀 수 없는 경우 'a little'이라고 합니다. 아주 약간의 양이 있다는 뜻입니다. 시간은 한두 개라고 셀 수 없고 1분, 1시간 같은 단위로 말하기 때문에 'a little'과 쓸 수 있습니다.

many / much

나는 자신감이 많이 없어.

I don't have much confidence.

셀 수 있는 단어 앞에는 many를, 셀 수 없는 단어 앞에는 much를 씁니다. 친구는 한 명, 두 명 셀 수 있어서 many를 쓰지만, 자신감처럼 셀 수 없는 경우 much와 씁니다.

a lot of / lots of

시간을 많이 낼 수 없어.

I can't make a lot of time.

'a lot of'와 'lots of' 둘 다 '많다'는 뜻으로, 셀 수 있거나 없거나 상관없이 붙여 쓸 수 있습니다. 셀 수 있는 '친구'의 경우도 'a lot of(= lots of) friends', 셀 수 없는 '시간'의 경우도 'a lot of(= lots of) time'이라고 할 수 있습니다.

디테일도 지켜서 말해 봅시다.

① 나는 얼굴에 점이 몇 개 있어.

② 그는 친구가 거의 없어.

③ 나는 시간을 잠깐 냈어.

④ 그는 친구가 많이 없어.

⑤ 이게 많은 변화를 주진 않았어.

⑥ 그는 친구가 많아.

⑦ 그는 친구가 많아.

⑧ 그녀는 실수를 몇 개 했어.

⑨ 그녀는 실수를 거의 안 했어.

⑩ 시간을 좀 낼 수 있어?

⑪ 나는 많은 수업을 듣지 않아.

⑫ 나는 돈이 많이 없어.

⑬ 나는 많은 돈을 벌었어.

⑭ 나는 많은 돈을 벌었어.

⑮ 나는 시간이 많이 없어.

다음 표현들은 1분 말하기에서 활용됩니다.

① I have a few moles on my face.

> Tip '몇 개 있다'라고 말할 때는 'a few', '거의 없다(=한두 개도 없다)'라고 말할 때는 'few'로 씁니다.

② He has few friends.

③ I made a little time.

④ He doesn't have many friends.

⑤ It didn't make much difference.

⑥ He has a lot of friends.

⑦ He has lots of friends.

⑧ She made a few mistakes.

⑨ She made few mistakes.

⑩ Can you make a little time?

⑪ I don't take many classes.

⑫ I don't have much money.

> Tip 돈은 천 원, 만 원처럼 단위로 세고, '돈 몇 개'라고 셀 수 없기 때문에 much와 씁니다.

⑬ I made a lot of money.

⑭ I made lots of money.

⑮ I don't have much time.

Unit. 29

at / on / in / of

전치사를 이용해 디테일하게 말하기

디테일까지 말할 때 빼놓을 수 없는 게 바로 '전치사'입니다. 시간이나 장소 등 추가적인 내용을 말하고 싶을 때 이용합니다. 주어나 관련 단어 자리에 다양하게 말할 수 있습니다.

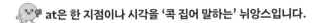 **at은 한 지점이나 시각을 '콕 집어 말하는' 뉘앙스입니다.**

- I was at home.

  난 집에 있었다. (집이라는 장소를 콕 집어 말하는 느낌)

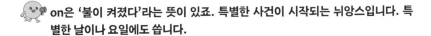 **on은 '불이 켜졌다'라는 뜻이 있죠. 특별한 사건이 시작되는 뉘앙스입니다. 특별한 날이나 요일에도 씁니다.**

- I will be on a diet.

  나는 다이어트를 할 거야. (다이어트라는 특별한 사건을 시작하는 느낌)

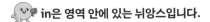 **in은 영역 안에 있는 뉘앙스입니다.**

- This is in style.

  이건 유행이야. (이 옷이 유행하는 패션이라는 영역 안에 있는 느낌)

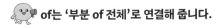 **of는 '부분 of 전체'로 연결해 줍니다.**

- Most of them are students.

  그들 중 대부분은 학생이다. (전체 사람들 중에 대부분)

at

나는 오후 7시에 거기에 도착했다.

I got there at 7 pm.

'at home(집에)', 'at work(회사에)'처럼 장소를 콕 집어 말하는 느낌으로도 쓰지만, 시곗바늘이 시각을 콕 집어 가리키는 느낌으로 시, 분, 초를 말할 때도 씁니다.

on

나 크리스마스에 스키 타러 갈 거야.

I will go skiing on Christmas.

'크리스마스' 같은 특별한 날, 'on Sunday(일요일)', 'on May 1st(5월 1일)'처럼 요일, 날짜에도 on을 붙여 말합니다. 'on my way(가는 길 위)'처럼 특정한 면적 위에 붙는 것도 묘사할 수 있습니다.

in

우리는 겨울에 눈이 많이 온다.

We get a lot of snow in winter.

'한 달'이라는 영역, '계절'이라는 영역, 열두 달을 포함한 '일 년'이라는 영역 등 'in March(3월)', 'in winter(겨울)', 'in 2020(2020년)'처럼 시간과 장소 모두 어느 영역 안에 있다는 것을 in으로 표현합니다.

of

내 목표 중에 하나는 새 차를 뽑는 거야.

One of my goals is to get a new car.

부분은 'one', 전체는 'my goals'입니다. '내 친구들 중 한 명'은 'one of my friends'처럼 말할 수 있습니다. 'one of ~' 다음에 나오는 전체를 뜻하는 단어는 여러 개이기 때문에 반드시 -s를 붙여야 합니다.

디테일도 지켜서 말해 봅시다.

① 나는 오전 7시에 아침을 먹어.

② 나는 밤 10시에 자러 갔어.

③ 나는 호텔에서 휴식을 취했어.

④ 나는 내 생일에 소풍을 갈 거야.

⑤ 나는 월요일마다 그 수업을 들어.

⑥ 나는 10월에 독감 주사를 맞았어.

⑦ 나는 2018년에 아이를 낳았어.

⑧ 그는 2019년에 결혼했어.

⑨ 나는 박물관에서 사진을 찍었어.

⑩ 나는 공원에서 산책을 했어.

⑪ 우리는 여름에 비가 많이 와.

⑫ 우리는 여름에 수영을 하러 가.

⑬ 내 친구 중에 한 명은 영화를 만드는 중이야.

⑭ 내 목표 중 하나는 책을 쓰는 거야.

⑮ 내 목표 중 하나는 취직하는 거였어.

다음 표현들은 1분 말하기에서 활용됩니다.

① I have breakfast at 7 am.

② I went to bed at 10 pm.

③ I took a break at the hotel.
> Tip 장소 '안에' 있었다는 것을 강조하고 싶으면 'in the hotel'도 가능합니다.

④ I will go on a picnic on my birthday.

⑤ I take the class on Mondays.
> Tip 한 번의 월요일이 아닌 '월요일마다'라고 말할 때는 -s를 붙여 줍니다.

⑥ I got a flu shot in October.

⑦ I had a baby in 2018.

⑧ He got married in 2019.

⑨ I took a picture in the museum.
> Tip 장소를 말할 때 at 대신 in으로 말하면 '안에 머물렀다'는 것을 강조합니다.

⑩ I went for a walk in the park.

⑪ We get a lot of rain in summer.

⑫ We go swimming in summer.

⑬ One of my friends is making a movie.

⑭ One of my goals is to write a book.
> Tip 'write a book(책을 쓰다)'에 to를 붙이면 '책을 쓸 것'처럼 미래 느낌으로 바뀝니다.

⑮ One of my goals was to get a job.

off / about / for / during
전치사를 이용해 디테일하게 말하기

전치사는 be동사 바로 다음에 쓰거나 문장 마지막에 부사로 붙여 쓸 수 있습니다. 문장 마지막에 붙이는 경우, 없어도 이미 문장은 완성되었지만 부가적인 내용을 말할 수 있습니다.

 off는 붙어 있던 것이 똑 떨어지는 뉘앙스입니다.

- I'm off today.

  나는 오늘 일 안 해. (일에서 떨어진 느낌, off 뒤에 work 생략)

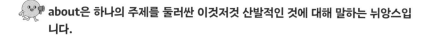 **about은 하나의 주제를 둘러싼 이것저것 산발적인 것에 대해 말하는 뉘앙스입니다.**

- I was worried about him.

  나는 그에 대해 걱정했어. (그의 상태, 마음, 건강, 미래 등 이것저것 걱정하는 느낌)

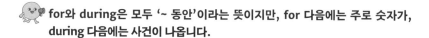 **for와 during은 모두 '~ 동안'이라는 뜻이지만, for 다음에는 주로 숫자가, during 다음에는 사건이 나옵니다.**

- I have been doing the housework for two hours.

  나는 2시간 동안 집안일을 해 오는 중이야.

- They were away during the meeting.

  그들은 미팅하는 동안 자리에 없었어.

off

나는 오늘 일 안 해.

I'm off work today.

'퇴근하다'는 영어로 'get off work'라고 합니다. 퇴근이라는 일이 생긴 것을 동사 get으로 표현하며, 일로부터 떨어지는 것을 'off work'라고 합니다. be동사 다음에 붙이면 일로부터 떨어진 상태라 그날 하루 일을 안 한다는 뜻입니다.

about

나는 내 사업에 대해 걱정했어.

I was worried about my business.

'about my business(나의 사업에 대하여)'는 사업의 매출, 비용, 직원, 고객 등 이것저것 생각하는 느낌입니다.

for

나는 2시간 동안 일해 오는 중이야.

I have been working for two hours.

for 다음에는 주로 정확한 숫자가 나옵니다. 'for five minutes(5분 동안)', 'for five days(5일 동안)'처럼 시간을 나타내는 단위와 함께 쓸 수 있습니다.

during

그는 미팅하는 동안 자리에 없었어.

He was away during the meeting.

정확한 숫자와 함께 표현하는 for와 달리, 미팅, 수업, 강연 같은 사건이 일어나는 '동안'은 during과 씁니다. 시간과 관련되어 있지만 숫자는 아닌 'during lunch(점심시간 동안)', 'during the day(낮 시간 동안)'도 가능합니다.

실전 표현 연습하기

디테일도 지켜서 말해 봅시다.

① 나는 오늘 일 안 해.

② 나는 오늘 일 안 해.

③ 그는 오늘 일 안 해.

④ 그녀는 오늘 일 안 해.

⑤ 그는 그의 사업에 대해 걱정했어.

⑥ 나는 내 미래에 대해 걱정했어.

⑦ 나는 그녀에 대해 걱정했어.

⑧ 나는 2시간 동안 숙제를 하는 중이야.

⑨ 나는 6개월 동안 요가를 하는 중이야.

⑩ 나는 2년 동안 필라테스를 하는 중이야.

⑪ 그는 3년 동안 영화를 제작하는 중이야.

⑫ 그들은 수업 시간에 자리에 없었어.

⑬ 그들은 강연 시간에 자리에 없었어.

⑭ 그들은 점심시간에 자리에 없었어.

⑮ 그들은 낮 시간에 자리에 없었어.

다음 표현들은 1분 말하기에서 활용됩니다.

1 I'm off work today.
> Tip work(일)와 duty(의무)로부터 떨어졌다고 생략 없이 말할 수 있습니다.

2 I'm off duty today.

3 He's off work today.

4 She's off duty today.

5 He was worried about his business.

6 I was worried about my future.

7 I was worried about her.

8 I have been doing homework for two hours.
> Tip 'have been -ing'는 얼마 동안 했는지를 나타내는 for와 자주 씁니다.

9 I have been doing yoga for six months.

10 I have been doing Pilates for two years.

11 He has been making a movie for three years.

12 They were away during the class.

13 They were away during the lecture.

14 They were away during lunch.

15 They were away during the day.
> Tip day는 '하루'나 '낮(night와 반대)'이라는 뜻이라, '그날 하루 동안' 또는 '낮 시간 동안'이라고 표현할 수 있습니다.

across / around / along / through

전치사를 이용해 디테일하게 말하기

각각의 전치사는 그림으로 그려 보면 뉘앙스를 쉽게 파악할 수 있습니다. 아래 설명대로 머릿속에 그림을 그려 보며 말해 봅시다.

 across의 cross는 'X자 모양'이라는 뜻으로, 길과 교차해서 맞은편으로 가로질러가는 뉘앙스입니다.

- I go to the gym across the street.

  나는 길 건너 헬스장에 다녀. (X자로 가로질러 가는 느낌)

 around의 round는 '둥근'이라는 뜻으로 그 주변을 둥글게 둘러싼 뉘앙스입니다.

- I go to the grocery store around here.

  나는 이 근처로 장을 보러 다녀.

 along의 long은 '긴'이라는 뜻으로 긴 강이나 길을 따라간다는 뉘앙스입니다.

- I went jogging along the river.

  나는 강을 따라 조깅했어. (강을 따라 나란히 달리는 느낌)

 through는 '통과해서 지나가는' 뉘앙스입니다.

- I went for a walk through the flowers.

  나는 꽃 사이로 산책했어. (꽃 사이를 통과해서 지나가는 느낌)

across

나는 길 건너 학교에 다녀.

I go to school across the street.

길이 놓여 있는 방향과 교차해서 위에서 봤을 때 X자 모양을 그리며
가로질러 간다는 뜻입니다. across는 발바닥이 닿는 곳을 주로 말
하고, 꽃길, 나무, 문처럼 내 옆과 위로도 나 있는 것을 통과할 때는
through를 씁니다.

around

나는 이 근처 학교에 다녀.

I go to school around here.

쇼핑센터에서 직원에게 "그냥 둘러보고 있어요."라고 말할 때 "I'm
just looking around."라고 말합니다. 둥글게 둘러싼 근처나 주변,
둘러보면서 다니는 느낌을 모두 around로 말합니다.

along

그는 강을 따라 조깅했어.

He went jogging along the river.

along은 길게 나 있는 것을 나란히 따라간다는 뜻입니다. along은
across와 반대말입니다. across와 달리 along은 어긋나거나 벗어
나는 것 없이 길이 나 있는 대로 잘 따라간다는 뜻입니다.

through

그녀는 꽃길 사이로 산책했어.

She went for a walk through the flowers.

through는 꽃이나 풀처럼 위로 솟아 있는 것, 사람처럼 내 키 정도
되는 것, 문처럼 내 키보다 높은 것 사이를 통과할 때 씁니다. '극복
하다'를 영어로 'get through'라고 합니다. 힘든 역경을 통과한다
는 뜻입니다.

실전 표현 연습하기

디테일도 지켜서 말해 봅시다.

1 그는 길 건너 학교에 다녀.

2 그는 길 건너 가게에 갔어.

3 그들은 길 건너 가게에 갔어.

4 그녀는 길 건너 약국에 갔어.

5 그는 이 근처의 학교를 다녀.

6 그녀는 이 근처의 헬스장을 다녀.

7 그녀는 이 근처로 저녁을 먹으러 갔어.

8 우리는 길을 따라서 산책했어.

9 우리는 개울을 따라서 산책했어.

10 우리는 강을 따라서 산책했어.

11 우리는 길을 따라서 조깅을 했어.

12 나는 들판 사이로 산책을 했어.

13 나는 작은 숲 사이로 산책을 했어.

14 나는 큰 숲 사이로 산책을 했어.

15 나는 나무들 사이로 산책을 했어.

다음 표현들은 1분 말하기에서 활용됩니다.

❶ He goes to school across the street.

❷ He went to the store across the street.

❸ They went to the store across the street.

❹ She went to the drugstore across the street.

❺ He goes to school around here.

❻ She goes to the gym around here.

❼ She went for dinner around here.

❽ We took a walk along the street.
   Tip along은 강을 따라 나란히 가는 것, 길 위를 따라 그대로 가는 것 둘 다 가능합니다.

❾ We took a walk along the stream.

❿ We took a walk along the river.

⓫ We went jogging along the street.

⓬ I took a walk through the field.

⓭ I took a walk through the woods.
   Tip woods는 '작은 숲', forest는 '큰 숲'을 말합니다.

⓮ I took a walk through the forest.

⓯ I took a walk through the trees.

by / until / before / after

전치사를 이용해 디테일하게 말하기

전치사는 두 개가 짝을 이루는 경우가 많습니다. by와 until처럼 같은 뜻이지만 다르게 쓰이거나, before와 after처럼 반대 뜻을 가진 경우입니다.

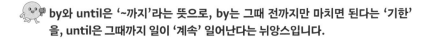 **by와 until은 '~까지'라는 뜻으로, by는 그때 전까지만 마치면 된다는 '기한'을, until은 그때까지 일이 '계속' 일어난다는 뉘앙스입니다.**

- I have to take a passport photo by 5.

  나는 5시까지 여권 사진을 찍어야 해. (기한이 5시까지라 그 전까지만 찍으면 된다는 느낌)

- I'm taking the course until December.

  나는 12월까지 그 강좌를 듣는 중이야. (12월까지 계속해서 강좌를 듣는다는 느낌)

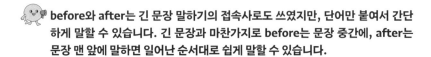 **before와 after는 긴 문장 말하기의 접속사로도 쓰였지만, 단어만 붙여서 간단하게 말할 수 있습니다. 긴 문장과 마찬가지로 before는 문장 중간에, after는 문장 맨 앞에 말하면 일어난 순서대로 쉽게 말할 수 있습니다.**

- I took the call before lunch.

  점심 식사 전에 그 전화를 받았어.

- After dinner, I took the call.

  저녁 식사 후에 그 전화를 받았어.

문장 활용하기

---

by

나는 5시까지 보고서를 끝내야 해.

I have to finish the report by 5.

여권 사진 제출이나 리포트 제출 기한처럼 그 전까지 언제든 하기만 하면 된다면 'by'로 말합니다. 생각한 마지노선이 있어서 '늦어도 그 전까지는'이라고 말하는 뉘앙스입니다.

---

until

나는 일요일까지 그 강좌를 들어.

I'm taking the course until Sunday.

until 다음에 나오는 시간까지 계속해서 일이 진행된다는 뜻입니다. 기한 전까지 어느 때든 완료하는 순간 할 일이 끝나 버리는 by와는 달리 until은 기한까지 줄곧 이어서 해야 할 때 씁니다.

---

before

나는 점심 식사 전에 설거지를 했어.

I did the dishes before lunch.

이 문장은 "I did the dishes before I had lunch.(나는 점심을 먹기 전에 설거지를 했다.)"처럼 긴 문장으로도 말할 수 있지만 before 다음에 단어 lunch만 붙여 더 간단하게 말할 수도 있습니다.

---

after

우리는 저녁 식사 후에 산책을 하러 갔어.

After dinner, we went for a walk.

이 문장은 "After I had dinner, we went for a walk.(나는 저녁을 먹은 후에 산책을 하러 갔다.)"처럼 긴 문장으로도 말할 수 있지만 after 다음에 단어 dinner만 붙여 더 간단하게 말할 수도 있습니다.

디테일도 지켜서 말해 봅시다.

① 나는 5시까지 숙제를 해야 해.

② 나는 5시까지 설거지를 해야 해.

③ 나는 5시까지 예약을 해야 해.

④ 나는 5시까지 결정해야 해.

⑤ 너는 5시까지 쉴 수 있어.

⑥ 너는 8월까지 수영을 다닐 수 있어.

⑦ 아침 10시까지 조식을 드실 수 있어요.

⑧ 저녁 9시까지 석식을 드실 수 있어요.

⑨ 나는 저녁 식사 진에 빨래를 했어.

⑩ 나는 저녁 식사 전에 집안일을 했어.

⑪ 나는 아침 식사 전에 머리를 했어.

⑫ 나는 아침 식사 전에 화장을 했어.

⑬ 그는 저녁 식사 후에 설거지를 했어.

⑭ 그는 아침 식사 후에 학교에 갔어.

⑮ 그는 아침 식사 후에 회사에 갔어.

다음 표현들은 1분 말하기에서 활용됩니다.

1 I have to do my homework by 5.
> Tip 시간을 말할 때 o' clock은 생략할 수 있습니다.

2 I have to do the dishes by 5.

3 I have to make a reservation by 5.

4 I have to make a decision by 5.

5 You can take a break until 5.

6 You can go swimming until August.

7 You can have breakfast until 10 am.

8 You can have dinner until 9 pm.

9 I did the laundry before dinner.

10 I did the housework before dinner.

11 I did my hair before breakfast.

12 I did my makeup before breakfast.

13 After dinner, he did the dishes.

14 After breakfast, he went to school.

15 After breakfast, he went to work.

Unit. 33

behind / under / to / into
전치사를 이용해 디테일하게 말하기

이번 전치사는 뉘앙스가 두 개씩 있습니다. behind는 '뒤쪽'에 '숨는' 느낌, under은 '그림자 진' '아래', to는 '방향'과 '도착', into는 '안쪽'에 '빠진' 느낌입니다.

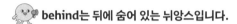 **behind는 뒤에 숨어 있는 뉘앙스입니다.**

- I took a deep breath behind him.

  나는 그의 뒤에서 심호흡을 했어.

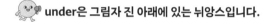 **under은 그림자 진 아래에 있는 뉘앙스입니다.**

- I got a table under the air conditioner.

  나는 에어컨 아래 테이블을 맡았어.

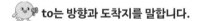 **to는 방향과 도착지를 말합니다.**

- I took a bus to go to the concert.

  나는 콘서트에 가려고 버스를 탔어.

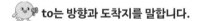 **in은 '안', to는 '쪽', into는 '안쪽', 즉 그 영역 쪽으로 푹 빠져 있는 느낌입니다.**

- I'm into it.

  나는 그거에 빠져 있어.

216

behind

나는 나무 뒤에서 심호흡을 했어.

I took a deep breath behind the tree.

'비하인드 스토리'라는 말이 있죠. '숨어 있는 뒷이야기'라는 뜻입니다. 사람처럼 앞뒤가 명확한 것뿐만 아니라 나무처럼 앞뒤가 정해져 있지 않을 때도 '(다른 사람들 눈에 띄지 않는) 뒤쪽'이라는 뜻으로 씁니다.

under

나는 조명 아래 테이블을 맡았어.

I got a table under the light.

under은 '다리 아래'처럼 큰 물체 밑에 있을 때도 'under the bridge', '조명 아래'처럼 작은 것 밑에 있을 때도 'under the light'라고 말할 수 있습니다.

to

나는 학교에 가려고 버스를 탔어.

I took a bus to go to school.

to는 동사 go와 함께 쓰는 경우가 많습니다. 'go to Seoul'처럼 지명 이름이나 'go to school'처럼 장소를 to 다음에 말합니다. to는 그쪽으로 가고 있으며 동시에 그곳이 목적지임을 알려 줍니다.

into

나 재즈 음악에 빠져 있어.

I'm into jazz music.

into는 그 영역 안에 있음과 동시에 그쪽으로 계속 빠져드는 뉘앙스입니다. be동사와 함께 써서 어느 분야에 빠졌다고 말할 수 있습니다.

실전 표현 연습하기

디테일도 지켜서 말해 봅시다.

1 그는 나무 뒤에서 사진을 찍었어.

2 그들은 커튼 뒤에서 사진을 찍었어.

3 그 소년은 엄마 뒤에서 심호흡을 했어.

4 나는 에어컨 아래 자리를 잡았어.

5 나는 조명 아래에서 화장을 했어.

6 나는 학교에 버스를 타고 다녀.

7 나는 회사에 지하철을 타고 다녀.

8 나는 헬스장에 가려고 버스를 탔어.

9 나는 요리에 빠져 있어.

10 나는 베이킹에 빠져 있어.

11 나는 영화에 빠져 있어.

12 나는 영어를 배우는 것에 빠져 있어.

13 나는 너에게 빠져 있어.

14 나는 그에게 빠져 있어.

15 그는 그녀에게 빠져 있어.

다음 표현들은 1분 말하기에서 활용됩니다.

❶ He took a picture behind the tree.

❷ They took a picture behind the curtain.

❸ The boy took a deep breath behind his mom.

❹ I got a seat under the air conditioner.

❺ I did my makeup under the light.

❻ I take a bus to go to school.
> Tip bus는 여러 대 중 한 대를 골라 타는 경우가 많아 'a bus'로 말하고, subway는 정해져 있는 노선이자 시스템이기 때문에 'the subway'로 씁니다.

❼ I take the subway to go to work.

❽ I took a bus to go to the gym.

❾ I'm into cooking.

❿ I'm into baking.

⑪ I'm into movies.

⑫ I'm into learning English.

⑬ I'm into you.

⑭ I'm into him.

⑮ He is into her.

up / down
전치사를 이용해 디테일하게 말하기

up은 '위로 올라간다'라는 뜻에서 '완전히'라는 뉘앙스의 강조하는 뜻으로 파생되었습니다. 0에서 100까지 위로 올라가다 보면 완전히 채워지기 때문이죠.

 up은 위쪽으로 올라가는 방향을 보여 줍니다.

- I'm going up the stairs.

  나는 계단을 올라가는 중이야.

 up에는 '완전히'라는 뉘앙스가 있습니다.

- I will clean up my room.

  내 방을 대청소할 거야. (다 들어내서 완전히 치운다는 느낌)

 down은 아래로 내려가는 방향을 보여 줍니다.

- I'm going down the stairs.

  나는 계단을 내려오는 중이야.

up 나는 산을 올라가는 중이야.

I'm going up the mountain.

up은 '올라간다'보다 '완전히'라는 뉘앙스로 더 자주 씁니다. 파트 3에 나오는 'make up(화장하다)', 'dress up(차려입다)', 'set up(텐트 등을 세우다)'은 모두 '완전히 완성하다'라는 뜻입니다. 아래 표현 모두 1분 말하기에서 활용됩니다.

up 나는 라식 수술을 받으려고 돈을 모을 거야.

I will save up to get Lasik surgery.

save up(돈을 모으다[완전히 절약하다]) / clean up(대청소하다[완전히 치우다]) / give up(포기하다[완전히 줘 버리다])/ catch up(근황을 완전히 따라잡다) / check up(건강 검진을 하다[몸 전체를 완전히 체크하다]) / finish up(완전히 끝내다) / look up(모든 정보를 완전히 검색하다)

down 나는 산을 내려오는 중이야.

I'm going down the mountain.

down은 내려가는 방향을 보여 줍니다. under은 그 아래에 그냥 존재하는 것을 말하지만, down은 산이나 계단을 내려오는 것처럼 반드시 아래로 가는 방향이 보여야 합니다.

down 나는 선반에서 그 사진을 내려놨어.

I took down the photo from the shelf.

어디로부터 내려왔다고 말할 때 down 뒤에 from을 붙여 말할 수 있습니다. 이렇게 전치사 두 개를 연달아 붙여 말할 수도 있습니다.

디테일도 지켜서 말해 봅시다.

❶ 나는 언덕을 올라가는 중이야.

❷ 나는 계단을 올라가는 중이야.

❸ 나는 에스컬레이터를 올라가는 중이야.

❹ 나는 7시에 일어나.

❺ 일어나고 싶지 않아.

❻ 나 일어났어.

❼ 나 일어났어.

❽ 나 언덕을 내려가는 중이야.

❾ 나 계단을 내려가는 중이야.

❿ 나 에스컬레이터를 내려가는 중이야.

⓫ 나 5시에 산을 내려왔어.

⓬ 나 벽에서 그 사진을 내려놨어.

⓭ 나는 언덕을 내려왔어.

⓮ 나는 계단을 내려왔어.

⓯ 나는 에스컬레이터를 내려왔어.

다음 표현들은 1분 말하기에서 활용됩니다.

① I'm going up the hill.

② I'm going up the stairs.

③ I'm going up the escalator.

④ I get up at 7.
> Tip 몸을 일으켜 일어나는 것을 'get up', 정신이 완전히 깨어나는 것을 'wake up'이라고 합니다.

⑤ I don't want to get up.

⑥ I got up.

⑦ I'm up.
> Tip 'get up'은 몸을 일으키는 것이고, 'be up'은 이미 일어나 있는 상태를 말합니다.

⑧ I'm going down the hill.

⑨ I'm going down the stairs.

⑩ I'm going down the escalator.

⑪ I went down the mountain at 5.

⑫ I took down the picture from the wall.

⑬ I went down the hill.

⑭ I went down the stairs.

⑮ I went down the escalator.

very / so / enough / too
부사를 이용해 디테일하게 말하기

한국어도 '매우', '정말', '딱', '너무' 같은 부사를 쓰면 문장이 더 맛깔스러워집니다. 원어민들이 자주 쓰는 부사 20개를 배워 봅시다.

 very는 '매우'라는 뜻으로, 객관적으로 안내하는 느낌입니다.

- ## This tea is very hot.
  이 차는 매우 뜨겁습니다.

 so는 '정말'이라는 뜻으로, 주관적으로 감정을 담아 묘사할 때 주로 씁니다.

- ## This water is so hot.
  이 물은 정말 뜨거워.

 enough는 '적당히'라는 뜻으로, 주어의 입장에서 딱 좋을 때 씁니다.

- ## This tea is hot enough.
  이 차는 딱 적당히 뜨거워.

 too는 '너무'라는 뜻으로 주어의 기준에선 지나쳐서 싫다는 느낌입니다.

- ## This water is too hot.
  이 물은 너무 뜨거워.

very

이 커피는 매우 뜨겁습니다.

This coffee is very hot.

very와 so 모두 강조하는 뜻으로 구분 없이 쓸 수 있지만, very는 특히 감정을 배제하고 안내하는 뉘앙스입니다. 커피숍의 안내 문구에 쓰여 있는 느낌이라서, 누구나 보는 문구에 한 사람의 강한 감정이 들어간 듯한 so를 쓰면 어색합니다.

so

이 커피는 정말 뜨거워.

This coffee is so hot.

so는 한 사람의 강한 감정을 보여 주는 뉘앙스입니다. 커피를 마신 사람이 놀라서 말하는 문장입니다. 그래서 노래 가사에는 very보다 'so beautiful', 'so sad'처럼 감정이 실린 so가 주로 나옵니다.

enough

이 커피는 딱 적당히 뜨거워.

This coffee is hot enough.

enough는 모음으로 시작하고 스펠링도 긴 편이라 다른 부사와 다르게 단어 뒤에 붙여 말합니다. 사람마다 기준이 모두 다르지만 내 기준에서 딱 적당하다고 말하고 싶을 때 씁니다.

too

이 커피는 너무 뜨거워.

This coffee is too hot.

too는 내 기준에선 지나치게 많다는 뜻으로, 그래서 싫다는 부정적인 뉘앙스를 보여 줍니다. '시끄럽게 하다'는 'make noise'이지만 그 정도가 지나칠 때는 'make too much noise(지나치게 많이 시끄럽다)'고 말할 수 있습니다.

225

실전 표현 연습하기

디테일도 지켜서 말해 봅시다.

1. 그는 그의 사업에 대해 매우 걱정해.

2. 그는 매우 부유해.

3. 날씨가 매우 더워.

4. 물이 매우 뜨거워.

5. 그녀는 그녀의 미래에 대해 정말 걱정해.

6. 그 케이크는 맛이 정말 진했어.

7. 날씨가 정말 더워.

8. 그 물은 정말 뜨거워.

9. 그는 새 차를 뽑을 만큼 부자야.

10. 그녀는 빌딩을 소유할 만큼 부자야.

11. 그 물은 충분히 뜨거워.

12. 그는 나에 대해 너무 걱정해.

13. 그녀는 자식들에 대해 너무 걱정해.

14. 날씨가 너무 더워.

15. 물이 너무 뜨거워.

다음 표현들은 1분 말하기에서 활용됩니다.

❶ He is very worried about his business.
> Tip very는 건조하게 말하는 느낌입니다.

❷ He is very rich.

❸ The weather is very hot.

❹ The water is very hot.

❺ She is so worried about her future.
> Tip so는 감정을 싣거나 감탄하는 느낌입니다.

❻ The cake was so rich.

❼ The weather is so hot.

❽ The water is so hot.

❾ He is rich enough to get a new car.
> Tip enough 다음에 to와 동사를 붙여 무엇을 할 만큼 충분한지 말할 수 있습니다.

❿ She is rich enough to have a building.

⑪ The water is hot enough.

⑫ He is too worried about me.
> Tip too는 누가 봐도 지나치다는 느낌입니다.

⑬ She is too worried about her kids.

⑭ The weather is too hot.

⑮ The water is too hot.

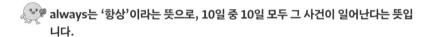

always / usually / often / sometimes
부사를 이용해 디테일하게 말하기

'I take a bus'만 쓰면 '버스를 탄다'이지만 버스를 '항상' 타는지, '종종' 타는지 부사를 넣어 맛깔스럽게 말할 수 있습니다.

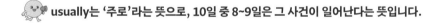 **always**는 '항상'이라는 뜻으로, 10일 중 10일 모두 그 사건이 일어난다는 뜻입니다.

* I always take a bus.

  난 항상 버스를 타.

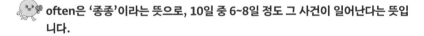 **usually**는 '주로'라는 뜻으로, 10일 중 8~9일은 그 사건이 일어난다는 뜻입니다.

* I usually go to bed at 10 pm.

  나는 주로 10시에 자러 가.

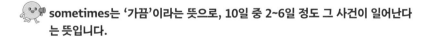 **often**은 '종종'이라는 뜻으로, 10일 중 6~8일 정도 그 사건이 일어난다는 뜻입니다.

* I often have a headache.

  나는 종종 두통이 있어.

sometimes는 '가끔'이라는 뜻으로, 10일 중 2~6일 정도 그 사건이 일어난다는 뜻입니다.

* I sometimes do a ponytail.

  나는 가끔 포니테일로 머리를 묶어.

228

문장 활용하기

always

나는 항상 지하철을 타.

I always take the subway.

백이면 백 항상 그 사건이 일어난다는 뜻입니다. 차도 없고, 근처에 버스 정류장도 없고, 택시를 타지 않는다면 지하철을 타는 사건이 100% 일어날 수밖에 없겠죠. 빈도상 100% 일어날 때 씁니다.

usually

나는 주로 지하철을 타.

I usually take the subway.

100%까지는 아니지만 주로 일어나는 사건에 usually를 씁니다. 주로 지하철을 타지만 늦었을 때 택시를 탈 수도 있겠죠. 100% 지켜지는 습관은 없기 때문에 기상이나 취침 시간 같은 일상적인 습관에 usually를 씁니다.

often

나는 종종 택시를 타.

I often take a taxi.

often은 60~80% 정도 일어나는 일에 씁니다. 얼마나 자주 하느냐는 뜻으로 의문사 How와 잘 쓰입니다. 예를 들어, "얼마나 자주 택시를 타나요?"는 "How often do you take a taxi?"입니다.

some-times

나는 가끔 비타민을 챙겨 먹어.

I sometimes take vitamins.

sometimes는 20~60% 정도 일어나는 일에 씁니다. 문장을 맛깔스럽게 만들어 주는 부사는 다양한 위치에 넣을 수 있습니다. 문장 맨 앞에 넣어 "Sometimes, I take vitamins."처럼 말해도 됩니다.

실전 표현 연습하기

디테일도 지켜서 말해 봅시다.

① 나는 항상 포인트를 받아.

② 나는 항상 최선을 다해.

③ 그는 항상 정각에 와.

④ 나는 주로 7시에 아침을 먹어.

⑤ 나는 주로 10시에 자러 가.

⑥ 너는 주로 언제 아침을 먹어?

⑦ 너는 주로 언제 자러 가?

⑧ 나는 종종 다래끼가 나.

⑨ 나는 종종 허리가 아파.

⑩ 너는 얼마나 자주 머리를 잘라?

⑪ 나는 가끔 배탈이 나.

⑫ 나는 가끔 다래끼가 나.

⑬ 나는 가끔 허리가 아파.

⑭ 나는 가끔 산책하러 가.

⑮ 나는 가끔 소원을 빌어.

표현 확인하기

다음 표현들은 1분 말하기에서 활용됩니다.

1 I always get points.

2 I always do my best.

3 He is always on time.

4 I usually have breakfast at 7 am.

5 I usually go to bed at 10 pm.

6 When do you usually have breakfast?

7 When do you usually go to bed?

8 I often have a stye.

9 I often have pain in my lower back.

10 How often do you get a haircut?
> Tip 물어보는 문장에서 의문사 How 다음에 often만 넣으면 됩니다.

11 I sometimes have a stomachache.

12 I sometimes have a stye.

13 I sometimes have pain in my lower back.

14 I sometimes go for a walk.

15 I sometimes make a wish.

never / already / still / yet
부사를 이용해 디테일하게 말하기

부사가 없어도 문장은 완성되지만, 넣어서 말하고 싶다면 부사마다 달라지는 위치를 지켜야
합니다. 동사 바로 앞이나 사이, 문장 맨 앞, 뒤에 올 수 있습니다.

never는 절대 일어날 일이 없다는 뜻입니다.

- I never take vitamins.

  나는 비타민을 절대 챙겨 먹지 않아.

already는 주어나 상대가 예측한 시간보다 더 빨리 일어났다는 뜻입니다.

- I already took the subway.

  나 이미 지하철 탔어.

still은 주어나 상대가 예측한 시간보다 조금 더 일어나는 중이라는 뜻입니다.

- I'm still doing my hair.

  나는 여전히 머리하는 중이야.

**yet은 주어나 상대가 예측한 시간보다 훨씬 늦었는데도 아직 일어나지 않았다
는 뜻입니다. 보통 문장 맨 뒤에 씁니다.**

- I didn't do my hair yet.

  나는 아직도 머리를 다 하지 못했어.

문장 활용하기

never

그는 아침을 절대 챙겨 먹지 않아.

He never has breakfast.

never은 그 사건이 절대 일어나지 않을 때 씁니다. 발생 빈도가 0% 입니다. 지금까지 한 번도 해 본 적 없다거나 앞으로도 쭉 안 할 때 도 쓸 수 있습니다. '그 시간을 평생 잊지 않겠다'는 'I will never forget the time.'이라고 말합니다.

already

저 이미 숙제했어요.

I already did my homework.

already는 예상했던 기준보다 더 빨리 끝났다는 뜻입니다. 물어보 는 말에서는 '벌써'로 해석하는 게 어울립니다. Did you already do your homework? '너 벌써 숙제했니?'처럼 말이죠.

still

나는 여전히 화장하는 중이야.

I'm still doing my makeup.

still은 'be+-ing'와 자주 쓰며 지금도 여전히 하고 있는 중이라는 뉘 앙스입니다. 이때 위치는 be와 -ing 사이입니다. 물어볼 때는 '여전 히 화장하는 중이니?' 'Are you still doing your makeup?'입니다.

yet

나는 아직도 화장을 다 하지 못했어.

I didn't do my makeup yet.

yet은 문장 마지막에 씁니다. 'I didn't do my makeup.'라고만 말 해도 문장이 완성되지만 yet을 맨 마지막에 붙여서 '아직도 안 했 다'는 의미를 가미합니다. 물어보는 문장에도 마지막에 붙입니다.

실전 표현 연습하기

디테일도 지켜서 말해 봅시다.

① 나는 절대 감기에 안 걸려.

② 나는 절대 변명을 하지 않아.

③ 나는 한 번도 거기에 가 본 적이 없어.

④ 나는 이미 직업을 구했어.

⑤ 나는 이미 내 약을 복용했어.

⑥ 나는 이미 최선을 다했어.

⑦ 나는 여전히 설거지하는 중이야.

⑧ 나는 여전히 가죽 공예를 하는 중이야.

⑨ 나는 여전히 숙제를 하는 중이야.

⑩ 나는 아직 그 메시지를 못 받았어.

⑪ 나는 아직 직업을 못 구했어.

⑫ 나는 아직 독감 주사를 안 맞았어.

⑬ 너 그의 메시지 아직 못 받았어?

⑭ 너 아직 독감 주사 안 맞았어?

⑮ 너 아직 직업 못 구했어?

다음 표현들은 1분 말하기에서 활용됩니다.

1 I never have a cold.
> Tip ever은 지금까지 혹은 앞으로 '쭉'이란 뜻이고 never은 쭉 안 한다는 부정의 뜻입니다.

2 I never make excuses.

3 I have never been there.

4 I already got a job.

5 I already took my medicine.

6 I already did my best.

7 I'm still doing the dishes.

8 I'm still doing leather crafts.

9 I'm still doing my homework.

10 I didn't get the message yet.

11 I didn't get a job yet.

12 I didn't get a flu shot yet.

13 Have you gotten his message yet?
> Tip "그의 메시지 받은 적 있니? 아직이야?"와 같은 느낌으로 맨 마지막에 붙입니다.

14 Have you gotten a flu shot yet?

15 Have you gotten a job yet?

just / even / ever / anymore
부사를 이용해 디테일하게 말하기

이번 부사는 약방의 감초처럼 영어 문장에 자주 등장합니다. just, even, ever은 동사 앞이나 사이에 들어가며, anymore은 문장 마지막에 씁니다.

 **just는 사건이 막 일어났다는 뜻입니다.**

· I just took a taxi.

나는 막 택시를 탔어.

even은 강조하는 느낌으로 '~조차'라는 뜻으로 쓰입니다.

· I can't even take a deep breath.

심호흡조차 할 수 없어.

ever은 '쭉'이란 뜻으로 지금까지 쭉 한 번이라도 해 본 적 있냐는 뜻입니다.

· Have you ever made a mistake at work?

업무에서 실수해 본 적 있어?

anymore은 '더 이상'이란 뜻으로 부정하는 동사와 씁니다.

· I don't have a stomachache anymore.

난 더 이상 배가 안 아파.

just

내가 막 실수를 저질렀어.

I just made a mistake.

영어로 나이를 말할 때 '나는 이제 막 30살이 되었다.' 'I just turned 30.'와 같은 문장을 자주 씁니다. '그냥', '오로지'란 뜻도 가능합니다. '오로지 나를 위해'는 영어로 just for myself입니다.

even

변명조차 할 수 없어.

I can't even make excuses.

even은 접속사 내에서도 even though(~인데도 불구하고), even if(만약에 ~일지라도)와 같이 의미가 강조되었죠. 문장 내에 강조해 주고 싶은 단어 앞에 말할 수 있습니다.

ever

요가를 해 본 적 있어?

Have you ever done yoga?

never로 '지금까지 쭉 해 본 적 없다', '앞으로 쭉 하지 않을 거다' 라고 말했습니다. ever은 '쭉'이란 뜻으로 '해 온 일 있다'는 뜻의 have p.p.와 함께 씁니다.

anymore

나 더 이상 열 안 나.

I don't have a fever anymore.

'커피가 전혀 없다.' 'I don't have any coffee.'에서 any는 앞에 부정하는 동사가 있어야만 의미가 완성되었습니다. anymore도 부정하는 동사가 있어야 '더 이상 하지 않는다'는 뜻을 완성할 수 있습니다.

실전 표현 연습하기

디테일도 지켜서 말해 봅시다.

❶ 나는 막 집에 도착했어.

❷ 나는 막 테이블을 맡았어.

❸ 나는 막 회사에 도착했어.

❹ 나는 막 저녁을 먹었어.

❺ 나는 샤워조차 할 수 없어.

❻ 나는 쉴 수조차 없어.

❼ 나는 제안조차 할 수 없어.

❽ 나는 전화조차 할 수 없어.

❾ 너 크로스핏을 해 본 적 있어?

❿ 너 다이어트를 해 본 적 있어?

⓫ 너 일 등 해 본 적 있어?

⓬ 나는 더 이상 자신이 없어.

⓭ 나는 더 이상 즐겁지 않아.

⓮ 나는 더 이상 머리가 안 아파.

⓯ 나는 더 이상 필라테스를 하지 않아.

다음 표현들은 1분 말하기에서 활용됩니다.

① I just got home.

② I just got a table.
　　Tip get a table은 '식당에서 자리를 잡다'는 의미입니다.

③ I just got to work.

④ I just had dinner.

⑤ I can't even take a shower.

⑥ I can't even take a break.

⑦ I can't even make a suggestion.

⑧ I can't even make a call.

⑨ Have you ever done CrossFit?

⑩ Have you ever been on a diet?

⑪ Have you ever been in first place?

⑫ I don't have confidence anymore.

⑬ I don't have fun anymore.

⑭ I don't have a headache anymore.

⑮ I don't do Pilates anymore.

-ever
부사를 이용해 디테일하게 말하기

의문사에 부사 ever을 붙인 whenever, whatever, whichever, however 모두 품사는 다르지만 문법을 따지기보다는 뉘앙스에 맞게 문장에 붙여 쉽게 말해 봅시다.

 ever은 의문사를 강조해 주는 역할도 합니다. whenever은 그때마다 쭉 그래 왔다는 뜻입니다.

- Whenever I go to Seoul, I take a taxi.

  나는 서울에 갈 때마다 택시를 타.

 what의 뜻은 '무엇'이었죠. whatever의 뜻은 '무엇이든', '아무거나'입니다.

- I will do whatever I want.

  나는 내가 원하는 무엇이든 할 거야.

 which는 선택지가 있을 때 쓰며 뜻은 '어떤'이었죠. whichever의 뜻은 '어떤 것이든'입니다.

- He can have whichever he wants.

  그는 그가 원하는 어떤 것이든 가질 수 있어.

 how의 뜻은 '어떻게'였죠. however의 뜻은 '어떻게든'입니다.

- I will do it however I want.

  나는 내가 원하는 방식으로 어떻게든 할 거야.

문장 활용하기

when-ever	난 쇼핑을 갈 때마다 리스트를 만들어. **Whenever** I go shopping, I make a list. when은 긴 문장의 다리로 쓰였죠. whenever도 마찬가지입니다. when의 '언제'라는 뜻이 ever를 만나 '언제든'으로 바뀝니다. '언제든 그 사건이 생길 때마다'라는 뜻입니다.

what-ever	넌 네가 원하는 무엇이든 가질 수 있어. You can have **whatever** you want. "아무거나!"라고 대답하고 싶을 때 "Whatever!"라고 말할 수 있습니다. what도 긴 문장의 다리로 쓰였으며 whatever도 마찬가지입니다. what의 '무엇'이라는 뜻이 ever를 만나 '무엇이든'으로 바뀝니다.

which-ever	넌 네가 원하는 어떤 것이든 가질 수 있어. You can have **whichever** you want. 선택지가 없이 아무거나 대답할 수 있는 what의 뉘앙스와 선택지 중에 골라야 하는 which의 뉘앙스를 기억하세요. which의 '어떤'이라는 뜻이 ever를 만나 '어떤 것이든'으로 바뀝니다.

how-ever	넌 네가 원하는 어떤 방식으로든 할 수 있어. You can do it **however** you want. however에는 '어떤 방식으로든'뿐만 아니라 '하지만'이라는 뜻도 있습니다. "You can do it. However, you have to do it nicely.(할 수 있어. 하지만 잘해야 해.)"처럼 but 대신 쓸 수 있으며 주로 문장을 끊고 새로 시작합니다.

241

디테일도 지켜서 말해 봅시다.

① 나는 장을 보러 갈 때마다 쿠폰을 가지고 가.

② 나는 소풍을 갈 때마다 샌드위치를 만들어.

③ 나는 여행을 갈 때마다 차를 빌려.

④ 나는 다이어트를 할 때마다 고기를 먹지 않아.

⑤ 네가 원하는 무엇이든 얻을 수 있어.

⑥ 네가 원하는 무엇이든 가져갈 수 있어.

⑦ 네가 원하는 무엇이든 이 미술 수업에서 다 만들 수 있어.

⑧ 네가 원하는 무엇이든 할 수 있어.

⑨ 네가 원하는 어떤 것이든 얻을 수 있어.

⑩ 네가 원하는 어떤 것이든 가져갈 수 있어.

⑪ 그는 그가 원하는 어떤 것이든 가질 수 있어.

⑫ 그녀는 그녀가 원하는 어떤 것이든 가질 수 있어.

⑬ 네가 원하는 방식으로 어떻게든 갈 수 있어.

⑭ 쉬어도 돼. 하지만 곧 돌아와야 해.

⑮ 휴가를 떠나도 돼. 하지만 곧 돌아와야 해.

다음 표현들은 1분 말하기에서 활용됩니다.

① Whenever I go to the grocery store, I bring coupons.

② Whenever I go on a picnic, I make sandwiches.

③ Whenever I go on a trip, I rent a car.

④ Whenever I am on a diet, I don't eat meat.

⑤ You can get whatever you want.

⑥ You can take whatever you want.

⑦ You can make whatever you want in this art class.

⑧ You can do whatever you want.

⑨ You can get whichever you want.

⑩ You can take whichever you want.

⑪ He can have whichever he wants.

⑫ She can have whichever she wants.

⑬ You can go however you want.

⑭ You can take a break. However, you should come back soon.

⑮ You can go on a vacation. However, you should come back soon.

too / as well / also / either

부사를 이용해 디테일하게 말하기

네 단어 모두 '나도 또한'이라고 말하고 싶을 때 씁니다. 상대의 말에 동의하며 나도 그렇다고 말하고 싶을 때 쓸 수 있는 부사로 문장 내에서 위치가 모두 달라집니다.

 too와 as well은 문장 마지막에 말합니다.

- I have oily skin, too.

  나도 지성피부야.

- I have oily skin as well.

  나도 지성피부야.

 also는 문장 맨 앞이나 중간에 씁니다.

- Also, I had breakfast.

  나도 아침 먹었어.

- I also had breakfast.

  나도 아침 먹었어.

 either은 부정하는 동사와 써서 '나도 아니다'라고 말할 때 씁니다.

- I am not a student, either.

  나도 학생이 아니야.

문장 활용하기

too

나도 얼굴에 점이 있어.

I have a mole on my face, too.

too는 '너무'라는 뜻도 있지만 이 경우 문장 마지막에 쓰기 때문에 구별할 수 있습니다. 나도 그렇다고 동의하며 대답하거나, 앞서 한 말에 이것도 그렇다고 보충 설명할 때 씁니다.

as well

나도 회사에 있어.

I am at work as well.

이 문장은 'I am at work, too.'라고 말해도 같습니다. too와 as well은 also보다 덜 진지하고 캐주얼한 느낌입니다.

also

나도 큰일 났어.

I'm also in trouble.

also는 문장 맨 앞에도 쓰기 때문에 이 문장은 'Also, I'm in trouble.' 이라고 바꿔 말할 수 있습니다.

either

나도 보험이 없어.

I don't have insurance, either.

'I don't have insurance, too.'는 틀린 문장입니다. 부정하는 동사가 나올 때는 too나 as well을 either로 바꿔 써야 합니다. either 도 항상 문장 마지막에 말합니다.

디테일도 지켜서 말해 봅시다.

① 나도 취직했어.

② 나도 건성 피부야.

③ 나도 할인 받았어.

④ 나도 아침 안 먹었어.

⑤ 나도 감기에 걸렸어.

⑥ 나도 보충제를 먹어.

⑦ 나도 비타민을 복용해.

⑧ 나도 부자가 아니야.

⑨ 나도 대학원에 다녀.

⑩ 나도 환불을 받았어.

⑪ 그도 독감 주사를 맞았어.

⑫ 나도 자신이 없어.

⑬ 나도 여권 사진을 찍었어.

⑭ 나도 항상 최선을 다해.

⑮ 나도 필라테스를 해.

다음 표현들은 1분 말하기에서 활용됩니다.

① I got a job, too.

② I have dry skin as well.

③ I also got a discount.

④ I didn't have breakfast, either.

⑤ I have a cold, too.

⑥ I take supplements as well.

⑦ I also take vitamins.

⑧ I'm not rich, either.

⑨ I go to grad school, too.

⑩ I got a refund as well.

⑪ He also got a flu shot.

⑫ I don't have confidence, either.

⑬ I took a passport photo, too.

⑭ I always do my best as well.

⑮ I also do Pilates.

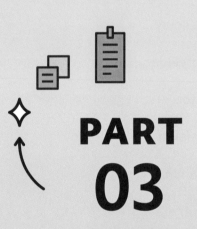

PART
03

앞서 배운 문장들을 섞어 가며 1분 동안 말할 수 있다.

앞서 학습한 문장들을 활용하여 1분 동안 이어 말해 보세요. 지금까지 쉬운 단어를 이용해, 말하기에서 쓰는 모든 문장 구조를 배웠습니다. 이제 나에 관한 단어를 쏙쏙 넣어 10문장 정도 나열해 1분간 이어 말하는 연습을 해 보겠습니다. 추천 문장 구조를 통해 복습을 하고 주어진 단어를 이용해 문장을 만들어 봅니다. 이 문장이 들어간 두 가지의 1분 말하기 예를 보면 전혀 다른 내용을 거의 비슷한 문장 구조로 말하고 있는 것을 볼 수 있습니다.

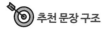

Unit. 01

간단한 자기소개

🎯 추천 문장 구조

현재로 말하기	저는 ~해요

- **I live in** Seongsu-dong.

  저는 성수동에 살아요.

- **I go to** Hankuk University.

  저는 한국 대학교를 다녀요.

- **I work at** the library.

  저는 도서관에서 일해요.

과거로 말하기	저는 ~했어요

- **I went to** Hankuk University.

  저는 한국 대학교를 다녔어요.

- **I majored** in art.

  저는 미술을 전공했어요.

- **I just turned** 30.

  저는 막 서른 살이 되었어요.

실전문장 말하기 연습

- 저는 강남 대치동(Daechi-dong in Gangnam)에 살아요.

- 저는 역사(history)를 전공했어요.

- **I am an engineer.**

  저는 엔지니어예요.

- **I am still a student.**

  저는 아직 학생이에요.

- **I am a mother of two daughters.**

  저는 두 딸의 엄마예요.

What do you do ~?로 말하기	무슨 ~을 하세요?

- **What do you do for work?**

  무슨 일을 하세요?

- **What do you do for a living?**

  무슨 일을 하세요?

- **What do you do for fun?**

  무슨 취미 생활을 하세요?

- 저는 유튜버예요.

- 당신은 무슨 일(for work)을 하세요?

1분간 간단하게 자기소개를 해 보세요.

제 이름은 김동수이고, 막 서른 살이 되었어요. 저는 강남 대치동에 살아요. 저희 동네에 오시면 많은 학원들을 보실 수 있어요. 전 대학에서 역사를 전공했고 현재 교육 분야에서 일하고 있습니다. 저는 고등학생들에게 세계사를 가르치고 있어요. 저는 또한 유튜버이기도 해요. 집에서 시간 날 때마다 많은 학생들이 세계사를 쉽게 배울 수 있도록 영상을 만들고 있어요. 대부분의 제 구독자분들은 수능 시험에서 세계사 영역을 선택하기로 한 학생들이에요. 당신은 무슨 일을 하세요?

My name is Dongsu Kim and I just turned 30. _____ _____ _____ Daechi-dong _____ Gangnam. You can see a lot of Hagwons in my neighborhood. _____ _____ _____ history and now I work in education. I teach world history to high school students. I'm _____ _____ as well. As long as I have time at home, I make videos to help students learn world history easily. Most of my subscribers are students who decided to choose the world history part for the college entrance exam. _____ _____ _____ _____ for work?

단어 및 표현

neighborhood 동네, 이웃   major 전공하다   education 교육   world history 세계사
high school student 고등학생   learn 배우다   subscriber 구독자   choose 선택하다
part 영역   college entrance exam 수능

1분간 간단하게 자기소개를 해 보세요.

제 이름은 이정인이고, 막 서른 다섯 살이 되었어요. 저는 안양에 살아요. 경제학을 전공했고 현재 하나은행에서 일하고 있어요. 저는 은행 창구 직원으로 중요한 은행 업무를 수행해요. 저는 두 아들의 엄마이기도 해요. 집에서 시간 날 때마다 남편과 저는 아이들과 수학 놀이를 해요. 둘 다 숫자 놀이와 집짓기 블록을 좋아해요. 저희는 저축이 얼마나 중요한지 아이들에게 가르치려고 노력해요. 당신은 무슨 일을 하세요?

My name is Jungin Lee and I just turned 35. ＿＿＿ ＿＿＿ ＿＿＿ Anyang. ＿＿＿ ＿＿＿ ＿＿＿ economics and now I work at Hana Bank. I carry out important banking services as a bankteller. ＿＿＿ ＿＿＿ ＿＿＿ of two sons as well. As long as I have time at home, my husband and I play math games with my boys. Both of them like number games and building blocks. We try to teach them how important saving money is. ＿＿＿ ＿＿＿ ＿＿＿ ＿＿＿ for a living?

단어 및 표현

economics 경제학 carry out 수행하다 important 중요한 banking service 은행 업무 bankteller 은행 창구 직원 building block 집짓기 블록 math game 수학 놀이 number game 숫자 놀이 saving money 저축하기

앞서 나온 실전 말하기 연습 지문의 빈칸을 확인 후 연습해 보세요.

실전 말하기 연습 1

My name is Dongsu Kim and I just turned 30. I live in Daechi-dong in Gangnam. You can see a lot of Hagwons in my neighborhood. I majored in history and now I work in education. I teach world history to high school students. I'm a YouTuber as well. As long as I have time at home, I make videos to help students learn world history easily. Most of my subscribers are students who decided to choose the world history part for the college entrance exam. What do you do for work?

실전 말하기 연습 2

My name is Jungin Lee and I just turned 35. I live in Anyang. I majored in economics and now I work at Hana Bank. I carry out important banking services as a bankteller. I'm a mother of two sons as well. As long as I have time at home, my husband and I play math games with my boys. Both of them like number games and building blocks. We try to teach them how important saving money is. What do you do for a living?

앞서 학습한 내용으로 1분간 간단하게 자기소개를 해 보세요.

예시 1

I'm from Jeonju, but I went to school in Seoul and now I live in Sinchon.

저는 전주 출신이지만, 서울에서 학교를 다녔고 지금은 신촌에 살아요.

예시 2

I run a small craft workshop around Hongdae station. I make earrings and necklaces.

저는 홍대역 근처에서 작은 공방을 운영해요. 저는 귀걸이와 목걸이를 만들어요.

예시 3

I majored in trade and now I work for a trading company. We buy and sell coffee machines.

저는 무역학을 전공했고 지금은 무역 회사에 다녀요. 저희는 커피 머신을 사고팔아요.

내 직업

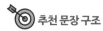 추천 문장 구조

| 전치사 at, for, in으로 말하기 | 저는 ~에서 일해요 |

- I work **at** the bank.

  저는 은행에서 일해요.

- I work **for** a trading company.

  저는 무역 회사에서 일해요.

- I work **in** the marketing department.

  저는 마케팅 부서에서 일해요.

| I have been -ing로 말하기 | 저는 몇 년간 ~하는 중이에요 |

- I have been working in this field for ten years.

  저는 10년간 이 분야에서 일해 왔어요.

- I have been teaching Spanish for five years.

  저는 5년간 스페인어를 가르쳐 왔어요.

- I have been cooking Chinese food for six years.

  저는 6년간 중국 요리를 해 왔어요.

실전 문장 말하기 연습

- 저는 화장품 회사(a cosmetics company)에서 일해요.
- 저는 5년간 남성용 화장품을 제작해(producing cosmetics for men) 왔어요.

- Since I enjoy reading books, I wanted to get a job in this field.

  저는 책 읽는 걸 좋아해서 이 분야에 취직하고 싶었어요.

- Since I enjoy traveling, I wanted to get a job in this field.

  저는 여행하는 걸 좋아해서 이 분야에 취직하고 싶었어요.

- Since I enjoy playing games, I wanted to get a job in this field.

  저는 게임하는 걸 좋아해서 이 분야에 취직하고 싶었어요.

| have started -ing로 말하기 | 얼마 전부터 ~하기 시작했어요 |

- The R&D department has started making a new product.

  R&D 부서가 얼마 전부터 새로운 상품을 만들기 시작했어요.

- I have started writing a blog.

  저는 얼마 전부터 블로그를 쓰기 시작했어요.

- I have started recording videos for my YouTube channel.

  저는 얼마 전부터 유튜브 채널에 올릴 비디오를 찍기 시작했어요.

- 화장하는 걸(doing my own makeup) 즐기기 때문에 이 분야에 취직하고 싶었어요.
- 저희 영업(sales) 부서는 얼마 전부터 남성용 비비 크림을 판매(selling)하기 시작했어요.

1분간 내 직업에 대해 말해 보세요.

저는 화장품 회사에서 일해요. 저는 5년간 남성용 화장품을 제작해 왔어요. 저는 제 자신에게 화장하는 걸 즐기기 때문에 이 분야에 취직하고 싶었어요. 여기에서 일하기 전까지는 남성들이 외모에 신경을 많이 쓴다는 것을 체감하지 못했어요. 저희 영업 부서는 얼마 전부터 남성용 비비 크림을 판매하기 시작했어요. 비비 크림을 써 본 적 있어요? 저희 새 제품 한번 써 보시면 좋겠어요.

I _____ _____ a cosmetics company. I _____ _____ producing cosmetics for men for _____ _____. Since I enjoy _____ my own makeup, I wanted to _____ _____ _____ in this field. Before I started working here, I never knew how much men cared about beauty. Our sales department _____ _____ selling men's BB cream. Have you ever used BB cream? You should try our new product.

단어 및 표현

cosmetics 화장품   company 회사   produce 제작하다   field 분야   care about 신경을 쓰다   sales department 영업 부서   sell 팔다   try 써 보다, 시도하다   product 제품

1분간 내 직업에 대해 말해 보세요.

저는 인테리어 디자인 회사에서 일해요. 저는 10년간 주방 인테리어 디자인을 해 왔어요. 전 디자인에 관심이 많기 때문에 이 분야에 취직하고 싶었어요. 여기서 일하기 전까지는 얼마나 많은 사람들이 집 인테리어를 바꾸고 싶어 하는지 몰랐어요. 저희 회사는 1인 가구를 위한 새로운 주방 디자인을 만들어 내기 시작했어요. 집에 변화를 주고 싶었던 적이 있나요? 저희 회사 웹 사이트를 꼭 체크해 보시면 좋겠어요.

I _____ _____ an interior design company. I _____ _____ designing kitchen interiors for _____ _____. _____ I am interested in design, I wanted to _____ _____ _____ in this field. Before I started working here, I never knew how many people wanted to change their home interior. Our company _____ _____ creating a new kitchen design for a one-person household. Have you ever wanted to change your house? You should check out our company's website.

단어 및 표현

design 디자인/디자인하다   kitchen 주방   be interested in ~에 관심이 있다
change 바꾸다   create 만들어 내다, 창조하다   a one-person household 1인 가구

앞서 나온 실전 말하기 연습 지문의 빈칸을 확인 후 연습해 보세요.

실전 말하기 연습 1

I **work for** a cosmetics company. I **have been** producing cosmetics for men for **five years**. Since I enjoy **doing** my own makeup, I wanted to **get a job** in this field. Before I started working here, I never knew how much men cared about beauty. Our sales department **has started** selling men's BB cream. Have you ever used BB cream? You should try our new product.

실전 말하기 연습 2

I **work for** an interior design company. I **have been** designing kitchen interiors for **ten years**. **Since** I am interested in design, I wanted to **get a job** in this field. Before I started working here, I never knew how many people wanted to change their home interior. Our company **has started** creating a new kitchen design for a one-person household. Have you ever wanted to change your house? You should check out our company's website.

나만의 이야기 만들기

앞서 학습한 내용으로 1분간 내 직업에 대해 말해 보세요.

예시 1
I teach at a high school. I have been teaching math for five years.

저는 고등학교에서 가르쳐요. 5년 동안 수학을 가르쳐 왔어요.

예시 2
I am a librarian at the public library near city hall. I have been working there for three years.

저는 시청 근처 공공 도서관 사서예요. 거기서 3년간 일하는 중이에요.

예시 3
I run my own hair salon and I am the top hair stylist. I have four other stylists who work with me.

저는 헤어숍을 운영하고 있고 수석 헤어디자이너예요. 4명의 다른 디자이너들과 함께 일해요.

내 성향

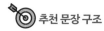 추천 문장 구조

enjoy/like/love -ing로 말하기	저는 ~하는 것을 즐겨요

- I enjoy watching Netflix.

  저는 넷플릭스를 보는 것을 즐겨요.

- I like watching variety shows.

  저는 예능 방송을 보는 것을 좋아해요.

- I love trying out new places.

  저는 새로운 장소에 가 보는 걸 정말 좋아해요.

I don't mind -ing로 말하기	저는 ~하는 걸 꺼리지 않아요

- I don't mind being alone.

  저는 혼자 있는 것을 별로 꺼리지 않아요.

- I don't mind being hated.

  저는 미움받는 것에 별로 상처받지 않아요.

- I don't mind working late.

  저는 늦게까지 일해도 별로 신경 쓰지 않아요.

실전 문장 말하기 연습

- 저는 요즘 동호회 모임(in meetups)에서 새로운 사람들을 만나는 것을 즐겨요.
- 저는 저를 싫어하는 누구를(anyone who doesn't like me) 만나더라도 신경 쓰지 않아요.

- **When** I have time, I sleep in.
  저는 시간이 나면, 늦잠을 자요.

- **When** I have time, I do yoga.
  저는 시간이 나면, 요가를 해요.

- **When** I have time, I make snacks for my kids.
  저는 시간이 나면, 아이들을 위한 간식을 만들어요.

even if로 말하기 | ~하더라도 …해요

- **Even if** I feel tired on the weekend, I go hiking.
  저는 주말에 피곤하더라도, 등산을 해요.

- **Even if** I feel tired on the weekend, I go jogging.
  저는 주말에 피곤하더라도, 조깅을 해요.

- **Even if** I feel tired on the weekend, I clean up my house.
  저는 주말에 피곤하더라도, 집안 청소를 해요.

실전 문장 말하기 연습

- 저는 시간이 나면, 책 모임에 가요(go to book clubs).
- 전 주말에 피곤하더라도, 친구들을 위해 시간을 내요(still make time for my friends).

1분간 내 성향에 대해 말해 보세요.

저는 새로운 친구 사귀는 걸 좋아해요. 저는 요즘 동호회 모임에서 새로운 사람들을 만나는 것을 즐겨요. 저는 저를 싫어하는 누구를 만나더라도 신경 쓰지 않아요. 왜냐하면 사람들의 생각은 다 다르니까요. 저는 시간이 나면, 책 모임에 가려고 해요. 한 달에 한 번 책을 읽고 소감을 나눠요. 저는 다양한 관점에 대해 듣는 게 좋아요. 전 주말에 피곤하더라도, 친구들을 위해 시간을 내요. 친구들과 함께 있으면, 에너지를 많이 얻는답니다. 당신은 혼자 있는 것과 친구들과 시간을 보내는 것 중에 어떤 걸 더 좋아하세요?

I love making new friends. Now I ＿＿＿ ＿＿＿ new people in meetups. I ＿＿＿ ＿＿＿ meeting anyone who doesn't like me because everyone thinks differently. When ＿＿＿ ＿＿＿ ＿＿＿, I go to book clubs. We share how we felt after reading the books once a month. I like hearing many different points of view. ＿＿＿ ＿＿＿ I feel tired on the weekend, I ＿＿＿ ＿＿＿ ＿＿＿ for my friends. When I'm with my friends, I get lots of energy from them. Which do you prefer, being alone or spending time with your friends?

단어 및 표현

meetup 동호회 모임   differently 다르게   book club 책 모임   share 나누다
felt 느꼈다(feel의 과거)   once a month 한 달에 한 번   point of view 관점
on the weekend 주말에   being alone 혼자 있음   spend 보내다

1분간 내 성향에 대해 말해 보세요.

> 저는 혼자 있는 것을 즐겨요. 저는 영화관에서 혼자 영화 보는 걸 정말 좋아해요. 저는 절 이해하지 못하는 그 누구를 만나더라도 별로 신경 쓰지 않아요. 왜냐하면 사람들의 생각은 다 다르니까요. 저는 시간이 나면, 혼자서 미술관에 가려고 해요. 한 달에 한 번 그림을 본 후에 소감을 노트에 적어요. 저는 화가가 왜 그렇게 그리고 싶었는지 이해해 보는 것을 좋아해요. 좀 외로워 보이더라도 전 여전히 저 혼자만을 위한 시간을 만들고 싶어요. 전 다른 사람들과 함께 있을 때, 에너지를 많이 뺏겨요. 당신은 혼자 있는 것과 다른 사람들과 시간을 보내는 것 중에 어떤 걸 더 좋아하세요?

I enjoy being alone. I love _____ _____ at the theater by myself. I _____ _____ meeting anyone who doesn't understand me because everyone thinks differently. When _____ _____ _____, I go to galleries alone. I write notes about how I felt after seeing the paintings once a month. I like understanding why the artist wanted to draw like that. _____ _____ I look lonely, I _____ want to _____ _____ just for myself. When I'm with other people, they take lots of energy from me. Which do you prefer, being alone or spending time with others?

단어 및 표현

by myself 나 혼자   understand 이해하다   gallery 미술관   write notes 노트를 쓰다
painting 그림   artist 화가   draw 그리다   look ~처럼 보이다   other people 다른 사람들
others 다른 사람들

앞서 나온 실전 말하기 연습 지문의 빈칸을 확인 후 연습해 보세요.

실전 말하기 연습 1

I love making new friends. Now I enjoy meeting new people in meetups. I don't mind meeting anyone who doesn't like me because everyone thinks differently. When I have time, I go to book clubs. We share how we felt after reading the books once a month. I like hearing many different points of view. Even if I feel tired on the weekend, I still make time for my friends. When I'm with my friends, I get lots of energy from them. Which do you prefer, being alone or spending time with your friends?

실전 말하기 연습 2

I enjoy being alone. I love watching movies at the theater by myself. I don't mind meeting anyone who doesn't understand me because everyone thinks differently. When I have time, I go to galleries alone. I write notes about how I felt after seeing the paintings once a month. I like understanding why the artist wanted to draw like that. Even if I look lonely, I still want to make time just for myself. When I'm with other people, they take lots of energy from me. Which do you prefer, being alone or spending time with others?

나만의 이야기 만들기

앞서 학습한 내용으로 1분간 내 성향에 대해 말해 보세요.

예시 1
I enjoy being outside. When I have time, I go hiking.
저는 밖에 나다니는 것을 좋아해요. 저는 시간이 나면, 등산을 가요.

예시 2
I like trying out new restaurants. When I have time, I check out blogs to find good places to eat.
저는 맛집 탐방을 좋아해요. 저는 시간이 나면, 밥 먹기 좋은 장소를 찾기 위해 블로그를 봐요.

예시 3
I love live music. When I have time, I go to jazz bars and concerts.
저는 라이브 음악을 좋아해요. 저는 시간이 나면, 재즈 바와 콘서트를 가요.

Unit. 04

우리 가족

🎯 추천 문장 구조

| my로 말하기 | 우리 가족은 아버지, 어머니, 저 이렇게 셋이에요 |

- There are four of us in my family: my dad, my mom, my brother and me.

  우리 가족은 아버지, 어머니, 형, 저 이렇게 넷이에요.

- There are three of us in my family: my dad, my older sister and me.

  우리 가족은 아버지, 누나, 저 이렇게 셋이에요.

| all of us로 말하기 | 우리 가족은 모두 ~해요 |

- All of us like watching TV.

  우리 가족은 모두 TV 보는 걸 좋아해요.

- All of us love meat.

  우리 가족은 모두 고기를 좋아해요.

- All of us are vegetarian.

  우리 가족은 모두 채식주의자예요.

실전 문장 말하기 연습

- 우리 가족은 할머니(grandma), 아버지, 어머니, 누나, 저 이렇게 다섯이에요.
- 가족 모두 등산 가는 걸(go hiking) 좋아해요.

most of us로 말하기	우리 가족은 대부분 ~해요, ~안 해요

- ## Most of us wake up early in the morning.
  우리 가족은 대부분 아침 일찍 일어나요.

- ## Most of us don't have breakfast.
  우리 가족은 대부분 아침을 안 먹어요.

- ## Most of us don't like veggies.
  우리 가족은 대부분 야채를 싫어해요.

too, as well, also, either로 말하기	…도 ~해요, ~ 못 해요

- ## My son likes cooking, too.
  우리 아들도 요리하는 걸 좋아해요.

- ## My husband also loves watching movies.
  우리 남편도 영화 보는 걸 좋아해요.

- ## My brother can't cook, either.
  제 남동생도 요리를 못해요.

실전 문장 말하기 연습

- 우리 가족은 대부분 집에 가만히 있는 걸(staying at home) 싫어해요.
- 우리 누나도 심심한 걸(being bored) 정말 싫어해요.

1분간 우리 가족에 대해 말해 보세요.

> 우리 가족은 할머니, 아버지, 어머니, 누나 그리고 저 이렇게 다섯이에요. 우리 가족은 아주 활발하고 수다스러워요. 가족 모두 등산 가는 걸 좋아해서 매주 일요일마다 함께 뒷산에 가요. 등산을 다녀오고 나면 함께 집안일을 하거나 요리를 해요. 우리 가족은 대부분 집에 가만히 있는 걸 싫어해요. 아버지는 취미로 배드민턴을 치시고 누나는 자전거를 타요. 저는 친구들이랑 돌아다니는 걸 좋아해요. 우리 누나도 심심한 걸 정말 싫어해요. 그래서 같이 인터넷으로 휴가 계획을 세우는 걸 좋아한답니다.

There are _____ _____ _____ in my family: my _____, my _____, my _____, my _____ and _____. We are very active and talkative. _____ _____ _____ like going hiking, so we go up the hill behind my house every Sunday. After hiking, we do our chores and cook together. _____ _____ _____ don't like staying at home. My dad plays badminton as a hobby and my sister rides her bicycle. I like hanging out with my friends. _____ _____ _____ hates being bored, so we love planning vacations on the Internet.

단어 및 표현

active 활발한   talkative 수다스러운   the hill behind my house 뒷산   ride 타다
hang out 어울려 다니다   bored 지루해하는, 심심하하는   on the Internet 인터넷으로

1분간 우리 가족에 대해 말해 보세요.

우리 가족은 아빠, 남동생 그리고 저 이렇게 셋이에요. 우리 가족은 모두 얌전하고 조용해요. 가족 모두 집에서 시간을 보내는 것을 좋아해서 퇴근한 후에 드라마나 예능 방송 보는 것을 즐겨요. TV를 다 본 후에는 함께 저녁을 먹고 설거지를 해요. 우리 가족은 대부분 주말에도 나가는 것을 좋아하지 않아요. 아빠는 취미로 베란다에서 화초를 돌보시고, 제 남동생은 직소 퍼즐을 맞춰요. 저는 집에서 운동하는 것을 좋아해요. 제 남동생과 저는 야외 활동은 싫어하고 거실에서 체스를 하는 것을 좋아해요.

There are _____ _____ _____ in my family: my _____, my _____ and _____. We are all shy and quiet. _____ _____ _____ like spending time at home, so we enjoy watching dramas and variety shows after getting off work. After watching TV, we have dinner and do the dishes together. _____ _____ _____ don't like going out on the weekend. My dad takes care of plants on the veranda as a hobby and my brother does a jigsaw puzzle. I like working out at home. _____ _____ and _____ hate outdoor activities, but we love playing chess in the living room.

단어 및 표현

shy 얌전한　quiet 조용한　variety show 예능 방송　get off work 퇴근하다
go out 밖에 나가다　take care of 돌보다　plant 식물　veranda 베란다
do a jigsaw puzzle 직소 퍼즐을 맞추다　work out 운동하다　outdoor activity 야외 활동
play chess 체스를 하다　living room 거실

앞서 나온 실전 말하기 연습 지문의 빈칸을 확인 후 연습해 보세요.

실전 말하기 연습 1

There are **five of us** in my family: my **grandma**, my **dad**, my **mom**, my **sister** and **me**. We are very active and talkative. **All of us** like going hiking, so we go up the hill behind my house every Sunday. After hiking, we do our chores and cook together. <u>Most of us</u> don't like staying at home. My dad plays badminton as a hobby and my sister rides her bicycle. I like hanging out with my friends. <u>My sister also</u> hates being bored, so we love planning vacations on the Internet.

실전 말하기 연습 2

There are **three of us** in my family: my **dad**, my **brother** and **me**. We are all shy and quiet. **All of us** like spending time at home, so we enjoy watching dramas and variety shows after getting off work. After watching TV, we have dinner and do the dishes together. <u>Most of us</u> don't like going out on the weekend. My dad takes care of plants on the veranda as a hobby and my brother does a jigsaw puzzle. I like working out at home. <u>My brother</u> and I hate outdoor activities, but we love playing chess in the living room.

앞서 학습한 내용으로 1분간 우리 가족에 대해 말해 보세요.

예시 1

My sister and I like doing each other's makeup and hair at home.

우리 언니와 저는 집에서 서로 메이크업과 머리해 주는 것을 좋아해요.

예시 2

My husband and I like watching comedy shows after our kids go to sleep.

우리 남편과 저는 아이들이 잠들고 나서 코미디 쇼를 보는 것을 좋아해요.

예시 3

My family likes catching up with each other while having a glass of wine in the evening.

우리 가족은 저녁에 와인을 마시면서 서로의 근황을 얘기하는 것을 좋아해요.

어제 있었던 일

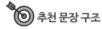 추천 문장 구조

Can you guess what~?으로 말하기	맞혀 볼래요?

- ## Can you guess what my name is?
  제 이름이 뭔지 맞혀 볼래요?

- ## Can you guess what I saw yesterday?
  제가 어제 뭘 봤는지 맞혀 볼래요?

- ## Can you guess what is happening?
  무슨 일이 일어나고 있는지 맞혀 볼래요?

as if로 말하기	마치 ~같아요

- ## I feel as if I have something in my eye.
  제 눈에 뭔가 들어간 것 같아요.

- ## I feel as if I have something in my throat.
  제 목에 뭔가 걸린 것 같아요.

- ## I felt as if I was in trouble.
  저 큰일이 난 것 같았어요.

실전 문장 말하기 연습

- 어젯밤(last night)에 무슨 일이 있었는지 아세요?

- 마치 동굴(a cave) 안에 있는 것 같았어요.

- I didn't know when I had to call him.

  언제 그에게 전화해야 할지 몰랐어요.

- I didn't know when I could use my phone again.

  언제 제 폰을 다시 쓸 수 있을지 몰랐어요.

- I didn't know when I could come back to Korea.

  언제 한국으로 다시 돌아갈 수 있을지 몰랐어요.

---

after로 말하기 | ~한 후에

- After the movie finished, I went to the restroom.

  영화가 끝난 후에, 화장실에 갔어요.

- After I came back from my trip, I checked my e-mails.

  여행에서 돌아온 후에, 이메일을 확인했어요.

- After I got out of class, I met up with my friends.

  교실에서 나온 후에, 친구들을 만났어요.

실전문장 말하기 연습

- 언제 다시 불이 들어올지(the light would come back on) 알 수가 없었어요.

- 불이 들어온 다음에야(the light turned back on) 샤워를 하고 자러 갔어요.

275

1분간 어제 있었던 일에 대해 말해 보세요.

어젯밤에 무슨 일이 있었는지 아세요? 저희 아파트 단지가 한 시간 동안 정전이 었어요. 밖이 어두웠고 마치 동굴 안에 있는 것 같았어요. TV도 못 보고 컴퓨터도 쓸 수가 없었어요. 스마트폰 플래시를 켜 놓고 다시 불이 들어오길 기다렸죠. 전기가 나간 동안 와이파이도 안 잡히고 인터넷도 못 했어요. 아파트 안내 방송도 나오지 않아서 언제 다시 불이 들어올지 알 수가 없었어요. 불이 들어온 다음에야 샤워를 하고 자러 갔어요. 정말 끔찍했어요.

Can you guess _____ _____ last night? Our apartment complex had a blackout for an hour. It was dark outside and I felt _____ _____ I was in a cave. I couldn't watch TV or use my computer. I turned on my phone flashlight and was waiting for the lights to come back on. While the power was out, I couldn't get any WiFi or use the Internet. I _____ know _____ the light would come back on because there were no apartment announcements. _____ the lights turned back on, I _____ a shower and _____ to bed. It was so horrible.

1분간 어제 있었던 일에 대해 말해 보세요.

어제 무슨 일이 있었는지 아세요? 저희 아파트 단지가 하루 종일 물이 안 나왔어요. 마치 전쟁통에 있는 것 같았어요. 머리를 감을 수도 없고 양치를 할 수도 없었어요. 생수를 좀 사서 세수하는 데 썼어요. 물이 안 나오는 동안 변기나 세면대도 쓸 수가 없었어요. 안내 방송도 나오질 않아서 언제 물을 다시 쓸 수 있는지 몰랐어요. 물이 수도꼭지에서 다시 쏟아져 나오기 시작한 다음에야 샤워도 하고 저녁도 먹었어요. 정말 끔찍했어요.

Can you guess _____ _____ yesterday? Our apartment complex had a water outage for the whole day. I felt _____ _____ I were in a war. I couldn't wash my hair or brush my teeth. I bought some bottled water and used it to wash my face. While the water was cut off, I couldn't use the toilet or sink. I _____ know _____ I could use the water because there were no apartment announcements. _____ the water started pouring out of the tap, I _____ a shower and _____ dinner. It was so terrible.

단어 및 표현

water outage 단수　　 for the whole day 하루 종일　　 wash 씻다　　 brush 칫솔질을 하다
bought 샀다(buy의 과거)　　 bottled water 생수　　 be cut off 단수되다　　 toilet 변기
sink 싱크대, 세면대　　 pour 쏟아지다　　 tap 수도꼭지　　 terrible 끔찍한

말하기 연습을 해 보세요.

앞서 나온 실전 말하기 연습 지문의 빈칸을 확인 후 연습해 보세요.

실전 말하기 연습 1

Can you guess what happened last night? Our apartment complex had a blackout for an hour. It was dark outside and I felt as if I was in a cave. I couldn't watch TV or use my computer. I turned on my phone flashlight and was waiting for the lights to come back on. While the power was out, I couldn't get any WiFi or use the Internet. I didn't know when the light would come back on because there were no apartment announcements. After the lights turned back on, I took a shower and went to bed. It was so horrible.

실전 말하기 연습 2

Can you guess what happened yesterday? Our apartment complex had a water outage for the whole day. I felt as if I were in a war. I couldn't wash my hair or brush my teeth. I bought some bottled water and used it to wash my face. While the water was cut off, I couldn't use the toilet or sink. I didn't know when I could use the water because there were no apartment announcements. After the water started pouring out of the tap, I took a shower and made dinner. It was so terrible.

나만의 이야기 만들기

앞서 학습한 내용으로 1분간 어제 있었던 일에 대해 말해 보세요.

예시 1

I went for a bike ride yesterday along the Han River with some bike club members.

어제 자전거 동호회 회원들과 한강을 따라서 자전거를 타러 갔었어요.

예시 2

I quit my job yesterday and I don't know how to live from now on. I will take a break for a month and find a new job.

어제 직장을 그만둬서 지금부터 어떻게 살아야 할지 모르겠어요. 한 달간 쉬고 새로운 일을 찾아볼 거예요.

예시 3

I made homemade tiramisu for my family yesterday. We ate it for dessert after dinner.

어제 가족들을 위해 홈메이드 티라미수를 만들었어요. 저녁 먹고 디저트로 먹었어요.

지난 주말에 있었던 일

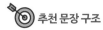 **추천 문장 구조**

물어보는 말 과거로 말하기	지난 주말에 ~했어요?

- ## Where **did** you go last weekend?
  지난 주말에 어디 갔었어요?

- ## Who **did** you spend time with last weekend?
  지난 주말에 누구와 시간을 보냈어요?

- ## How **was** your weekend?
  지난 주말 어땠어요?

-ing 붙여 말하기	저는 ~하면서 …에 있었어요

- ## I was at home **watching** TV.
  TV를 보면서 집에 있었어요.

- ## I was in my room **sleeping** in.
  늦잠을 자면서 방에 있었어요.

- ## I was at the office **working** overtime.
  야근하면서 사무실에 있었어요.

실전 문장 말하기 연습

- 지난 주말(last weekend)에 뭐 하셨어요?
- 저는 집안일하면서 하루 종일(for the whole day) 집에 있었어요.

| make, let, have로 말하기 | …가 ~하도록 만들었어요, 뒀어요, 시켰어요 |

- ## I **made** her say sorry.
  그녀가 사과를 하도록 만들었어요.

- ## I **let** her go.
  그녀가 가게 뒀어요.

- ## I **had** him change a tire.
  그에게 타이어를 교체하도록 시켰어요.

| regret -ing로 말하기 | ~가 후회돼요 |

- ## I **regret screaming** at my kids.
  우리 애들에게 소리 지른 게 후회돼요.

- ## I **regret talking** about the secret.
  그 비밀에 대해 말한 게 후회돼요.

- ## I **regret giving up** my dream.
  제 꿈을 포기했던 게 후회돼요.

실전문장 말하기 연습

- 우리 애들(my kids)에게 설거지랑 빨래를 하라고 시켰어요.
- 이거에 대해 너무 잔소리(nag about it so much)한 게 좀 후회되긴 해요.

1분간 지난 주말에 있었던 일에 대해 말해 보세요.

> 지난 주말에 뭐 하셨어요? 저는 집안일을 하면서 하루 종일 집에 있었어요. 집이 너무 더러워서 대청소를 좀 할 필요가 있었거든요. 우리 애들에게 설거지랑 빨래를 하라고 시켰어요. 아내와 저는 박스나 페트병을 분리 수거하고 진공청소기를 싹 돌렸어요. 이렇게 종종 청소를 해 놔도 아이들이 주중에 항상 다시 다 어지르긴 해요. 물건을 쓰면 제자리에 무조건 놔야 하고 집안일하는 걸 좀 도와줬으면 한다고 말했죠. 이것에 대해 너무 잔소리한 게 좀 후회되긴 하지만 지금 집이 깨끗해서 기분은 좋네요.

_____ _____ last weekend? I was at _____ for the whole day _____ housework. My house was so dirty and we needed to clean it up. I _____ my kids _____ the dishes and the laundry. My wife and I recycled boxes and plastic bottles and did the vacuuming. Although we clean up the house often, my kids always make a mess during the week. I said they must put all the things back in their places and I expect them to help me do the chores. I regret _____ about it so much, but I feel good because I have a clean home now.

단어 및 표현

for the whole day 하루 종일   clean up 대청소하다   recycle 재활용하다
plastic bottle 플라스틱 병, 페트병   during the week 주중에   nag 잔소리하다

1분간 지난 주말에 있었던 일에 대해 말해 보세요.

> 주말 어떻게 보내셨어요? 저는 부모님 집에서 가족 모임을 했어요. 가족이 다 함께 점심을 만들었죠. 저희 엄마가 음식을 준비하셨고 오빠와 저에게 전을 부치고 생선을 굽게 했어요. 아빠는 김치찌개를 끓이셨죠. 우리가 만든 점심을 먹으면서 근황을 따라잡기 위해 일상에 대한 얘기를 나눴어요. 부모님은 제가 다음 날까지 자고 가기를 기대하셨지만 강아지를 돌봐야 해서 집에 가야 했어요. 부모님 집에 더 오래 머물지 못한 게 후회되지만 가족들과 좋은 시간을 보내서 기분이 좋았어요.

> ＿＿＿＿ ＿＿＿＿ your weekend? I had a family get-together at ＿＿＿ ＿＿＿ ＿＿＿. My family cooked lunch together. My mom prepared the food and ＿＿＿ my brother and me ＿＿＿ jeon and ＿＿＿ fish. My dad cooked kimchi stew. As we had the lunch that we made, we talked about our lives to catch up. My parents expected me to sleep over until the next day, but I had to go home to take care of my puppy. I regret not ＿＿＿ longer at my parents' home, but I feel good because I had a nice time with my family.

단어 및 표현

a family get-together 가족 모임   prepare 준비하다   jeon 전   grill 굽다
kimchi stew 김치찌개   catch up 근황을 따라잡다   sleep over 밤새 자고 가다
the next day 다음 날   take care of 돌보다   longer 더 오래

앞서 나온 실전 말하기 연습 지문의 빈칸을 확인 후 연습해 보세요.

실전 말하기 연습 1

What did you do last weekend? I was at home for the whole day doing housework. My house was so dirty and we needed to clean it up. I had my kids do the dishes and the laundry. My wife and I recycled boxes and plastic bottles and did the vacuuming. Although we clean up the house often, my kids always make a mess during the week. I said they must put all the things back in their places and I expect them to help me do the chores. I regret nagging about it so much, but I feel good because I have a clean home now.

실전 말하기 연습 2

How was your weekend? I had a family get-together at my parents' house. My family cooked lunch together. My mom prepared the food and had my brother and me make jeon and grill fish. My dad cooked kimchi stew. As we had the lunch that we made, we talked about our lives to catch up. My parents expected me to sleep over until the next day, but I had to go home to take care of my puppy. I regret not staying longer at my parents' home, but I feel good because I had a nice time with my family.

나만의 이야기 만들기

앞서 학습한 내용으로 1분간 지난 주말에 있었던 일에 대해 말해 보세요.

예시 1
I went on a picnic at the Han River with my boyfriend last Saturday.
지난주 토요일에 남자 친구와 한강으로 소풍을 갔어요.

예시 2
I went to the movies with my friends to see the new Spider-Man movie on Sunday morning.
일요일 아침에 친구들과 새로 나온 스파이더맨 영화를 보려고 영화관에 갔어요.

예시 3
I was too tired, so I stayed home and couldn't even wash my hair for the whole weekend.
너무 피곤해서 집에 머물렀고 주말 내내 머리조차 감을 수가 없었어요.

지금 하고 있는 일

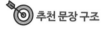 추천 문장 구조

| -ing 붙여 말하기 | ~하면서 …했어 |

- **I was on the bus listening to music.**
  음악을 들으면서 버스를 타고 가고 있었어.

- **I was in the living room drinking tea.**
  차를 마시면서 거실에 있었어.

- **He stayed at home watching TV.**
  그는 TV를 보면서 집에 있었어.

| I'm going to로 말하기 | ~하려고 |

- **I'm going to get groceries**
  나는 장을 보려고 해.

- **I'm going to clean up my room.**
  내 방을 치우려고 해.

- **I'm going to make dinner.**
  저녁을 차리려고 해.

실전 문장 말하기 연습

- 나 뭐 좀 조사하면서(do some research) 사무실에 (in the office) 있었어.

- 지금 밖에 나가려고 해(go out now).

286

- **I would like to** get a new computer.

  새로운 컴퓨터를 장만하고 싶어.

- **I would love to** go on a vacation.

  휴가를 떠나고 싶어.

- **I would prefer to** stay at home.

  집에 있고 싶어.

- **I need to** get groceries.

  나는 장을 볼 필요가 있어.

- **I need to** clean up my room.

  내 방을 치울 필요가 있어.

- **I need to** make dinner.

  나는 저녁을 차릴 필요가 있어.

- 점심으로 하나 먹어 보고 싶어 (try one for lunch).
- 체크(check)할 필요가 있어.

실전 말하기 연습 1

1분간 지금 하고 있는 일에 대해 말해 보세요.

나 뭐 좀 조사하면서 사무실에 있었어. 배가 고파져서 지금 밖에 나가려고 해. 이 근처에 새로 생긴 레스토랑 들어 봤어? 내 친구가 거기 수제 버거가 괜찮다고 하더라고. 점심으로 하나 먹어 보고 싶은데, 너도 알다시피 내가 음식 알레르기가 있잖아. 그래서 먹기 전에 체크할 필요가 있어. 버거가 얼마나 맛있는지 말해 줄게. 너는 점심에 뭐 먹으려고 해? 너도 식사 맛있게 해!

> I was _____ _____ office _____ some research. I got hungry, so I'm _____ _____ go out _____. Have you heard of the new restaurant around here? My friend said their homemade burgers are great. I _____ _____ _____ try one for lunch, but you know I have food allergies, so I need _____ _____ before I try it. I will tell you how good the burger is. What are you going to have for lunch? Enjoy your meal as well!

단어 및 표현

around here 이 근처에   homemade burger 수제 버거   try 시도하다, 먹어 보다
food allergy 음식 알레르기   Enjoy your meal. 식사 맛있게 하세요.

288

1분간 지금 하고 있는 일에 대해 말해 보세요.

나 집에 가는 길이야. 배고파서 나랑 가족들이 먹을 간식을 좀 사려고 해. 이 근처에 새로 생긴 핫도그 집에 대해 들어 본 적 있어? 내 직장 동료가 거기 수제 핫도그 빵이 맛있대. 우리 아이들과 함께 하나 먹어 보고 싶은데, 너도 알다시피 딸이 칠리 알레르기가 있어서 칠리 소스를 빼 줄 수 있는지 물어봐야 해. 핫도그가 얼마나 맛있는지 말해 줄게. 너는 저녁 뭐 먹으려고 해? 너도 식사 맛있게 해!

I am ＿＿＿＿ ＿＿＿＿ ＿＿＿＿ home. I got hungry, so I'm ＿＿＿＿ ＿＿＿＿ buy a snack for me and my family. Have you heard of the new hot dog place around here? My work friend said their homemade hot dog buns are great. I ＿＿＿＿ ＿＿＿＿ ＿＿＿＿ try one with my kids, but you know my daughter has a food allergy to red chilis, so I need ＿＿＿＿ ＿＿＿＿ them to take the chili sauce out. I will tell you how good the hot dog is. What are you going to have for dinner? Enjoy your meal, too!

단어 및 표현

on my way home 집으로 가는 길에   snack 간식   hot dog place 핫도그 가게
work friend 직장 동료   bun 빵   red chili 칠리, 고추

앞서 나온 실전 말하기 연습 지문의 빈칸을 확인 후 연습해 보세요.

실전 말하기 연습 1

I was **in the** office **doing** some research. I got hungry, so I'm **going to** go out **now**. Have you heard of the new restaurant around here? My friend said their homemade burgers are great. I **would love to** try one for lunch, but you know I have food allergies, so I need **to check** before I try it. I will tell you how good the burger is. What are you going to have for lunch? Enjoy your meal as well!

실전 말하기 연습 2

I am **on my way** home. I got hungry, so I'm **going to** buy a snack for me and my family. Have you heard of the new hot dog place around here? My work friend said their homemade hot dog buns are great. I **would love to** try one with my kids, but you know my daughter has a food allergy to red chilis, so I need **to ask** them to take the chili sauce out. I will tell you how good the hot dog is. What are you going to have for dinner? Enjoy your meal, too!

나만의 이야기 만들기

앞서 학습한 내용으로 1분간 지금 하고 있는 일에 대해 말해 보세요.

예시 1
I'm on the train thinking about my future. I'm worried that it's hard to get a job in Korea.

내 장래에 대해 생각하면서 기차를 타고 가는 중이야. 한국에서는 직장을 구하기 힘들어서 걱정이야.

예시 2
I'm taking care of my baby. I'm rocking my baby to sleep.

우리 아기를 돌보는 중이야. 아이를 안고 재우는 중이야.

예시 3
I'm doing my makeup and practicing my speech. Today, I have an important job interview.

화장하면서 스피치를 연습하는 중이야. 오늘 중요한 면접이 있어.

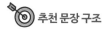

내일 할 일

Unit. 08

추천 문장 구조

I have to로 말하기	~해야 해

- **I have to** get a flu shot tomorrow.
  나 내일 독감 주사를 맞아야 해.

- **We have to** go shopping tomorrow.
  우리 내일 쇼핑해야 해.

- **I have to** go to the doctor tomorrow.
  나 내일 병원에 가야 해.

I will로 말하기	~할 거야

- **I will** go to the department store tomorrow.
  내일 백화점에 갈 거야.

- **I will** get a haircut tomorrow.
  내일 머리를 자를 거야.

- **I will** make time tomorrow.
  내일 시간을 낼 거야.

- 내일 여권 사진을 꼭 찍어야 해.
- 내일 시청 근처에 있는 사진관(the photo studio around City Hall)에 갈 거야.

| **I decide to로 말하기** | ~하기로 결심했어 |

- ## I decided to buy a new phone.
  새로운 핸드폰을 사기로 결심했어.

- ## I decided to move to another town.
  다른 동네로 이사를 가기로 결심했어.

- ## We decided to relax.
  우리는 쉬기로 결심했어.

| **I plan to로 말하기** | ~을 계획하고 있어 |

- ## I plan to study economics at university.
  난 대학에서 경제학을 공부할 계획이야.

- ## We plan to run in a marathon next summer.
  우리는 다음 여름에 마라톤을 할 계획이야.

- ## They plan to start a family.
  그들은 가정을 꾸릴 계획이야.

- 우리는 관광은 많이 하지 않고 (not to go on tours so much) 쉬기로 결심했어.
- 우리는 일주일간(for a week) 여행할 계획이야.

293

1분간 내일 할 일에 대해 말해 보세요.

나는 친구 한 명과 베트남 다낭으로 여행을 가기로 해서 내일 여권 사진을 꼭 찍어야 해. 내일 시청 근처에 있는 사진관에 가서 10분 만에 나오는 여권 사진을 찍을 거야. 또 여행지에서 입을 옷을 좀 사야 해. 지금 한국은 추운데 베트남은 아주 덥거든. 지하상가에서 반팔 티랑 수영복을 사려고 해. 우리는 관광은 많이 하지 않고 쉬기로 결심했어. 우리는 일주일간 여행할 계획이야.

I'm going to go on a trip to Danang in Vietnam with a friend, so I _____ _____ take a passport photo _____. I _____ _____ _____ the photo studio _____ City Hall and take my passport photo within ten minutes. I also have to buy some clothes for this trip. Now it is cold in Korea, but it is very hot in Vietnam. I'm going to buy some short-sleeved shirts and a swimsuit from the underground shopping area. We _____ _____ relax and not to _____ _____ _____ so much. We _____ _____ travel for a week.

단어 및 표현

photo studio 사진관   City Hall 시청   within ~ 내로   clothes 옷   short-sleeved shirt 반팔 티셔츠   swimsuit 수영복   underground shopping area 지하상가   relax 쉬다

1분간 내일 할 일에 대해 말해 보세요.

내일 할 일이 좀 있어. 머리를 자르고 뿌리 염색을 하려고 해. 그 후에 약국에 가서 비타민을 좀 사야 해. 지난번에 병원에 갔을 때 의사 선생님이 비타민 C를 먹어야 한다고 했어. 또 ATM기에서 현금을 뽑아야 해서 은행에 가야 해. 내일 아침으로 토스트랑 우유를 좀 먹고 싶어서 빵집에 들를 필요가 있어. 수제 딸기잼이 있어서 토스트랑 먹고 싶어. 내일 바쁠 것 같아.

I have some plans tomorrow. I am going to get a haircut and a root touch-up. After that, I _____ _____ go to the drugstore to buy some vitamins. Last time I went to the doctor, he said I need to take vitamin C. I also _____ _____ go to the bank to take out cash at the ATM. I want to have some toast and milk for breakfast tomorrow, so I need _____ _____ to the bakery. I have some homemade strawberry jam that I would love to have with my toast. I _____ be busy _____.

단어 및 표현

root touch-up 뿌리 염색   drugstore 약국   take out cash 현금을 뽑다
bakery 빵집   homemade 집에서 만든   strawberry 딸기   busy 바쁜

앞서 나온 실전 말하기 연습 지문의 빈칸을 확인 후 연습해 보세요.

실전 말하기 연습 1

I'm going to go on a trip to Danang in Vietnam with a friend, so I **have to** take a passport photo **tomorrow**. I **will go to** the photo studio **around** City Hall and take my passport photo within ten minutes. I also have to buy some clothes for this trip. Now it is cold in Korea, but it is very hot in Vietnam. I'm going to buy some short-sleeved shirts and a swimsuit from the underground shopping area. We **decided to** relax and not to **go on tours** so much. We **plan to** travel for a week.

실전 말하기 연습 2

I have some plans tomorrow. I am going to get a haircut and a root touch-up. After that, I **have to** go to the drugstore to buy some vitamins. Last time I went to the doctor, he said I need to take vitamin C. I also **have to** go to the bank to take out cash at the ATM. I want to have some toast and milk for breakfast tomorrow, so I need **to go** to the bakery. I have some homemade strawberry jam that I would love to have with my toast. I **will** be busy **tomorrow**.

앞서 학습한 내용으로 1분간 내일 할 일에 대해 말해 보세요.

예시 1

I will go on a date with my girlfriend to the theater tomorrow. We will order popcorn and Cola before the movie.

내일 여자 친구와 극장으로 데이트를 갈 거예요. 영화 전에 팝콘과 콜라를 주문할 거예요.

예시 2

I'm going to get a massage at the new spa tomorrow. It is a gift to myself.

내일 새로 생긴 스파에서 마사지를 받아 보려고요. 제 자신에 대한 선물이에요.

예시 3

I have to get my nails done tomorrow. I made an appointment at 7 o'clock after work.

내일 네일 케어를 받을 거예요. 퇴근하고 7시로 예약을 잡았어요.

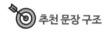

Unit. 09

이번 주말에 할 일

🎯 **추천 문장 구조**

sometimes로 말하기	난 가끔 ~할 때가 있어

- I **sometimes** have a headache after I use my computer.
  난 가끔 컴퓨터를 하고 나서 머리가 아플 때가 있어.

- I **sometimes** get a cold after I go for a walk in the evening.
  난 가끔 저녁에 산책을 하고 나서 감기에 걸릴 때가 있어.

- I **sometimes** have a fever after I take a shower.
  난 가끔 샤워를 하고 나서 열이 날 때가 있어.

if/whether로 말하기	~인지 아닌지 궁금해

- I wonder **if** there is something wrong with my body.
  혹시 내 몸에 문제가 있는 것은 아닌지 궁금해.

- I need to check **if** I have something wrong with my legs.
  내 다리에 문제가 있는 것은 아닌지 체크할 필요가 있어.

- I wonder **whether** I have something wrong with my skin.
  혹시 내 피부에 문제가 있는 것은 아닌지 궁금해.

실전 문장 말하기 연습

- 난 가끔 식사를 하고 나서(after I eat) 속이 뒤집어질 때가 있어.

- 혹시 위(my stomach)에 문제가 있는 것은 아닌지 궁금해.

- I want to know **the reason why** I have a headache whenever I use my phone.
  핸드폰을 할 때마다 왜 머리가 아픈지 그 이유를 알고 싶어.

- I want to know **the reason why** I get tired whenever I go shopping.
  쇼핑을 할 때마다 왜 피곤한지 그 이유를 알고 싶어.

- I want to know **the reason why** I get nervous whenever I am with her.
  그녀와 함께 있을 때마다 왜 떨리는지 그 이유를 알고 싶어.

- I **try to** have healthy meals.
  건강한 식사로 먹으려고 노력하고 있어.

- I **try to** have balanced meals.
  균형 잡힌 식단을 먹으려고 노력하고 있어.

- I **try to** go to the gym every day.
  매일 헬스장에 가려고 노력하고 있어.

- 아침 식사를 할 때마다 왜 속이 나빠지는지(have a stomachache) 그 이유를 알고 싶어.

- 건강한 음료를 먹으려고(have healthy drinks) 노력하고 있어.

1분간 이번 주말에 할 일에 대해 말해 보세요.

> 나 토요일 아침 9시에 건강 검진을 할 거야. 우리 동네 병원으로 예약을 해 놨어. 난 가끔 식사를 하고 나서 속이 뒤집어질 때가 있어, 그래서 혹시 위에 문제가 있는 것은 아닌지 궁금해. 아침 식사를 할 때마다 왜 속이 나빠지는지 그 이유를 알고 싶어. 난 더 건강해지려고 노력해야 할 것 같아. 요즘엔 커피 대신 허브티 같은 건강한 음료도 먹으려고 노력하고 있어.

I will have a checkup at 9 on Saturday morning. I made an appointment at the clinic in my neighborhood. I _____ have an upset stomach _____ I eat, so _____ wonder _____ there is something wrong with my stomach. I want to know _____ _____ _____ I have a stomachache _____ I have breakfast. I think I have to try to be healthier. Recently, _____ try _____ have healthy drinks like herb tea instead of coffee as well.

1분간 이번 주말에 할 일에 대해 말해 보세요.

나 이번 주 일요일 아침 10시에 미용실에 갈 거야. 내가 제일 좋아하는 미용사에게 예약해 놨어. 나는 가끔 샤워 중에 머리가 많이 빠질 때가 있어, 그래서 혹시 두피에 문제가 있는 것은 아닌지 궁금해. 머리를 빗을 때마다 머리가 왜 이렇게 많이 빠지는지 그 이유를 알고 싶어. 두피에 신경을 더 써야 할 것 같아. 나는 탈모에 좋은 건강한 음식을 먹으려고 노력하고 있어. 매일 탈모 샴푸도 쓰고 있어.

I will go to the hair salon at 10 this Sunday morning. I made an appointment with my favorite hairdresser. I _____ lose a lot of hair in the shower, so _____ wonder _____ there is something wrong with my scalp. I want to know _____ _____ _____ my hair falls out so much _____ I brush my hair. I think I have to try to be nicer to my scalp. _____ try _____ have healthy food for hair loss. I use anti-hair loss shampoo every day, too.

단어 및 표현

hair salon 미용실   hairdresser 미용사   lose 빠지다   scalp 두피   fall out 떨어져 나가다
brush 빗다   nicer 더 잘하는   hair loss 탈모   anti-hair loss shampoo 탈모 샴푸

앞서 나온 실전 말하기 연습 지문의 빈칸을 확인 후 연습해 보세요.

실전 말하기 연습 1

I will have a checkup at 9 on Saturday morning. I made an appointment at the clinic in my neighborhood. I sometimes have an upset stomach after I eat, so I wonder if there is something wrong with my stomach. I want to know the reason why I have a stomachache whenever I have breakfast. I think I have to try to be healthier. Recently, I try to have healthy drinks like herb tea instead of coffee as well.

실전 말하기 연습 2

I will go to the hair salon at 10 this Sunday morning. I made an appointment with my favorite hairdresser. I sometimes lose a lot of hair in the shower, so I wonder if there is something wrong with my scalp. I want to know the reason why my hair falls out so much whenever I brush my hair. I think I have to try to be nicer to my scalp. I try to have healthy food for hair loss. I use anti-hair loss shampoo every day, too.

앞서 학습한 내용으로 1분간 이번 주말에 할 일에 대해 말해 보세요.

예시 1

This Saturday, I'm going to my friend's wedding, where I will have a buffet lunch.

이번 토요일에 친구 결혼식에 가서 거기서 뷔페 점심을 먹을 거야.

예시 2

I will go to my friend's daughter's first birthday party on Saturday evening.

토요일 저녁에 내 친구 딸 돌잔치에 갈 거야.

예시 3

I would like to go to the department store. I will buy a bag on sale this weekend.

백화점에 가고 싶어. 이번 주말 세일 때 가방을 살 거야.

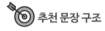

Unit. 10

다음 휴가 때 하고 싶은 일

🎯 추천 문장 구조

should로 말하기	(다른 누군가)가 꼭 ~해 보라고 했어

- My friend told me that I should try this wine.

  친구가 나에게 이 와인을 꼭 먹어 보라고 했어.

- My sister told me that I should try this hairstyle.

  언니가 나에게 이 헤어스타일을 꼭 해 보라고 했어.

- My brother told me that I should try this game.

  형이 나에게 이 게임을 꼭 해 보라고 했어.

might로 말하기	아마 이번에 ~할 것 같아

- I might try salsa dancing for the first time.

  아마 처음으로 살사 댄스에 도전해 볼 것 같아.

- I might try Greek food for the first time.

  아마 처음으로 그리스 요리에 도전해 볼 것 같아.

- I might try a short hairstyle for the first time.

  아마 처음으로 짧은 머리 스타일에 도전해 볼 것 같아.

실전 문장 말하기 연습

- 친구가 나에게 스쿠버 다이빙(scuba diving)을 꼭 해 보라고 했어.
- 아마 처음으로 이것(it)에 도전해 볼 것 같아.

- I looked up good places where we can have a nice dinner.

  우리가 근사한 저녁을 먹을 수 있는 좋은 장소를 검색해 봤어.

- I looked up good places where we can surf.

  우리가 서핑을 할 수 있는 좋은 장소를 검색해 봤어.

- I looked up good places where we can see a live band play.

  우리가 라이브 밴드 공연을 볼 수 있는 좋은 장소를 검색해 봤어.

- Even if I want to give up, I will master English.

  포기하고 싶더라도, 반드시 영어를 마스터할 거야.

- Even if it takes a whole day, I won't give up.

  하루 종일 걸리더라도, 포기하지 않을 거야.

- Even if it is a very short time, I want to meet her.

  아주 짧은 시간이더라도, 그녀를 만나고 싶어.

실전 문장 말하기 연습

- 다이빙을 쉽게 배울 수 있는(I can learn to dive easily) 좋은 장소를 검색해 봤어.
- 포기하고 싶더라도, 반드시 스쿠버 다이빙(scuba diving)을 마스터할 거야.

1분간 다음 휴가 때 하고 싶은 일에 대해 말해 보세요.

> 혹시 야외 활동에 도전해 보고 싶어? 친구가 나에게 동남아시아로 여행 가면 스쿠버 다이빙을 꼭 해 보라고 했어. 그래서 이번 여름휴가 동안에 아마 처음으로 도전해 볼 것 같아. 여행지에서 모두 대여할 수 있으니까 미리 비싼 장비를 살 필요도 없겠더라고. 다이빙을 쉽게 배울 수 있는 좋은 장소도 검색해 봤어. 발리나 세부가 좋을 것 같아. 처음 시작할 때는 아주 지루하다고 들었는데, 두세 시간만 연습하면 아마 물속에 있는 걸 즐길 수 있을 거래. 포기하고 싶더라도, 반드시 스쿠버 다이빙을 마스터할 거야.

Do you want to try any outdoor activities? My friend _____ _____ that I _____ try scuba diving when I go to Southeast Asia, so I _____ try it for the first time during summer vacation. I don't need to buy expensive gear because I can rent all of it at the place. I _____ _____ good places _____ I can learn to dive easily. I think Bali or Cebu would be great. I heard that it is so boring when I first start, but after two to three hours, I might enjoy being under the sea. _____ _____ I want to give up, I _____ master scuba diving.

1분간 다음 휴가 때 하고 싶은 일에 대해 말해 보세요.

혹시 야외 활동에 도전해 보고 싶어? 언니가 나에게 하와이에 가면 스노클링을 꼭 해 보라고 했어. 그래서 이번 여행 동안 아마 처음으로 도전해 볼 것 같아. 여행지에서 모두 대여할 수 있으니까 장비를 가져갈 필요도 없겠더라고. 도전해 볼 수 있는 좋은 장소도 검색해 봤어. 하나우마 베이가 아주 좋다고 들었어. 언니는 내가 처음 물에 들어가면 지루할 수도 있지만, 물고기를 찾은 후에는 아마 헤엄치며 즐길 수 있을 거라고 말했어. 날씨가 아주 덥더라도, 바다에서 난 행복할 것 같아.

Do you want to try any outdoor activities? My sister
_____ _____ that I _____ try snorkeling when I go to
Hawaii, so I _____ try it for the first time during this trip.
I don't need to bring gear because I can rent all of it at
the place. I _____ _____ good places _____ I can try it.
I heard that Hanauma Bay is so good. My sister told me that
it might be boring when I first get into the water, but after
I find some fish, I might enjoy swimming around. _____
_____ the weather is too hot, I _____ be happy in the
ocean.

단어 및 표현

snorkeling 스노클링　　bring 가지고 가다　　Hanauma Bay 하나우마 베이(하와이의 해변)
get into water 물에 들어가다　　swim around 헤엄쳐 다니다

앞서 나온 실전 말하기 연습 지문의 빈칸을 확인 후 연습해 보세요.

실전 말하기 연습 1

Do you want to try any outdoor activities? My friend told me that I should try scuba diving when I go to Southeast Asia, so I might try it for the first time during summer vacation. I don't need to buy expensive gear because I can rent all of it at the place. I looked up good places where I can learn to dive easily. I think Bali or Cebu would be great. I heard that it is so boring when I first start, but after two to three hours, I might enjoy being under the sea. Even if I want to give up, I will master scuba diving.

실전 말하기 연습 2

Do you want to try any outdoor activities? My sister told me that I should try snorkeling when I go to Hawaii, so I might try it for the first time during this trip. I don't need to bring gear because I can rent all of it at the place. I looked up good places where I can try it. I heard that Hanauma Bay is so good. My sister told me that it might be boring when I first get into the water, but after I find some fish, I might enjoy swimming around. Even if the weather is too hot, I will be happy in the ocean.

앞서 학습한 내용으로 1분간 다음 휴가 때 하고 싶은 일에 대해 말해 보세요.

예시 1

I might go to Jeju Island with my in-laws for my two-year-old son's first trip.

우리 두 살배기 아들의 첫 번째 여행을 위해 시댁 식구들과 제주도에 갈 것 같아.

예시 2

I will go to Busan. I would like to go to the beach and relax with a good book.

난 부산에 갈 거야. 해변에 가서 좋은 책과 함께 휴식을 취하고 싶어.

예시 3

I may stay at home for my five-day summer vacation so I can get away from stressful people and work.

5일간의 여름휴가 동안 아마도 집에 머물 것 같아. 그러면 스트레스를 주는 사람들과 일로부터 벗어날 수 있겠지.

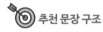

Unit. 11
좋아하는 영화, TV 프로그램

🎯 추천 문장 구조

remember -ing로 말하기	~한 기억이 나

- I remember watching Star Wars with my dad.
  아빠와 함께 스타워즈를 본 기억이 나.

- I remember going to the opera with my family.
  가족들과 함께 오페라를 보러 간 기억이 나.

- I remember seeing the painting in the gallery with my mom.
  엄마와 함께 미술관에서 그 그림을 본 기억이 나.

still로 말하기	지금도 여전히 좋아해

- Now I'm an adult, but still love cartoons.
  나는 성인이지만 여전히 만화를 좋아해.

- Now I'm an adult, but still love coloring.
  나는 성인이지만 여전히 색칠 놀이를 좋아해.

- Now I'm an adult, but still love going to the amusement park.
  나는 성인이지만 여전히 놀이공원에 가는 것을 좋아해.

실전 문장 말하기 연습

- 형과 함께 TV에서 디즈니 영화(Disney movies on TV)를 봤던 기억이 나.
- 나는 성인이지만 여전히 만화 영화(animated movies)를 좋아해.

- My favorite character is Ironman, who is a genius scientist and a superhero.

  내가 제일 좋아하는 캐릭터는 아이언맨인데, 천재 과학자이지만 슈퍼히어로야.

- My favorite character is Harry Potter, who is just a boy but an amazing wizard.

  내가 제일 좋아하는 캐릭터는 해리 포터인데, 평범한 소년이지만 놀라운 마법사야.

- My favorite character is Elsa, who was scared but let it go and fixed the problem.

  내가 제일 좋아하는 캐릭터는 엘사인데, 두려움이 많았지만 떨쳐내고 문제를 해결했어.

if 가정으로 말하기   만약 ~였다면, ~할 거야

- If I had superpowers, I would fly around the world.

  만약 내가 초능력이 있었다면, 전 세계를 날아다녔을 거야.

- If I had superpowers, I would cure the virus.

  만약 내가 초능력이 있었다면, 그 바이러스를 치료했을 거야.

- If I were you, I would give him a chance.

  만약 내가 너였다면, 그에게 기회를 줬을 거야.

실전 문장 말하기 연습

- 내가 제일 좋아하는 캐릭터는 보스 베이비인데, 귀여운 아기지만 사장(a boss)이야.

- 보스 베이비 같은 아기가 있었다면, 회사에 못 나가게(make him not go to work) 했을 거야.

1분간 좋아하는 영화와 TV 프로그램에 대해 말해 보세요.

어렸을 때 형과 함께 TV에서 디즈니 영화를 봤던 기억이 나. 나는 성인이지만 여전히 만화 영화를 좋아해. 디즈니와 드림웍스에서 나온 영화는 거의 다 본 적이 있어. 내가 제일 좋아하는 캐릭터는 보스 베이비인데, 귀여운 아기이지만 큰 회사의 사장이야. 영화가 정말 재미있어. 유튜브나 넷플릭스에서 영화나 TV 프로그램을 볼 수 있을 거야. 만약 내가 보스 베이비 같은 아기가 있었다면, 회사에 못 나가게 했을 거야. 너는 혹시 요즘 좋은 영화나 TV 프로그램 본 거 있어?

I remember _____ Disney movies on TV _____ my brother when I was little. Now I'm _____ _____, but _____ love animated movies. I have watched most of the movies from Disney and DreamWorks. _____ _____ _____ is Boss Baby, _____ is a cute baby _____ a boss of a huge company. The movie is so funny. You can see the movie or TV series on YouTube or Netflix. _____ _____ _____ a baby like Boss Baby, _____ _____ make him not go to work. Have you seen any good movies or TV series recently?

단어 및 표현

adult 성인   animated movie 만화 영화   recently 최근에   series 시리즈   huge 아주 큰   company 회사   funny 재미있는

실전 말하기 연습 2

1분간 좋아하는 영화와 TV 프로그램에 대해 말해 보세요.

어렸을 때 아빠와 함께 극장에서 슈퍼맨을 봤던 기억이 나. 나는 성인이지만 여전히 슈퍼히어로 영화를 좋아해. 할리우드의 슈퍼히어로 영화는 거의 다 본 적이 있어. 내가 제일 좋아하는 캐릭터는 스파이더맨인데, 일상에서는 평범한 남자이지만 초능력을 갖고 있지. 정말 멋있다고 생각해. 실사판 영화나 만화 버전도 모두 볼 수 있어. 만약 내가 스파이더맨이었다면, 63빌딩을 올라갔을 거야. 너는 요즘 혹시 좋은 영화나 TV 프로그램 본 거 있어?

I remember _____ Superman at the theater _____ my dad when I was little. Now I'm _____ _____, but _____ love superhero movies. I have watched most of the superhero movies from Hollywood. _____ _____ _____ is Spider-Man, _____ is an ordinary man in his daily life _____ has superpowers. I think that is so cool. You can see the live-action movies or some animated versions of it. _____ _____ _____ Spider-Man, _____ _____ climb the 63 Building. Have you seen any good movies or TV series recently?

단어 및 표현

theater 극장   animated 만화로 된   ordinary 평범한   daily life 일상
superpower 초능력   cool 멋진, 끝내주는   live-action 실사판   climb 오르다

앞서 나온 실전 말하기 연습 지문의 빈칸을 확인 후 연습해 보세요.

실전 말하기 연습 1

I remember **watching** Disney movies on TV **with** my brother when I was little. Now I'm **an adult**, but **still** love animated movies. I have watched most of the movies from Disney and DreamWorks. **My favorite character** is Boss Baby, **who** is a cute baby **but** a boss of a huge company. The movie is so funny. You can see the movie or TV series on YouTube or Netflix. **If I had** a baby like Boss Baby, **I would** make him not go to work. Have you seen any good movies or TV series recently?

실전 말하기 연습 2

I remember **watching** Superman at the theater **with** my dad when I was little. Now I'm **an adult**, but **still** love superhero movies. I have watched most of the superhero movies from Hollywood. **My favorite character** is Spider-Man, **who** is an ordinary man in his daily life **but** has superpowers. I think that is so cool. You can see the live-action movies or some animated versions of it. **If I were** Spider-Man, **I would** climb the 63 Building. Have you seen any good movies or TV series recently?

앞서 학습한 내용으로 1분간 좋아하는 영화와 TV 프로그램에 대해 말해 보세요.

예시 1

My favorite TV show is Running Man, which is one of the most popular variety shows in Korea.

내가 제일 좋아하는 TV 프로그램은 런닝맨인데, 한국에서 가장 유명한 예능 방송 중 하나예요.

예시 2

Audition shows in Korea are really popular. There are so many kinds: like cooking, rapping, dancing and singing. My favorites are the cooking shows.

한국의 오디션 프로그램은 정말 유명해요. 요리, 랩, 춤, 노래처럼 정말 많은 종류가 있어요. 제가 제일 좋아하는 건 요리예요.

예시 3

My wife's favorite movie genre is romantic comedy. Whenever I ask her what she wants to watch at the theater, she always picks that kind of movie.

제 아내가 제일 좋아하는 영화 장르는 로맨틱 코미디예요. 아내에게 영화관에서 무엇을 보고 싶은지 물어보면 항상 이런 종류의 영화를 골라요.

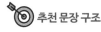

Unit. 12

좋아하는 음악, 가수

🎯 추천 문장 구조

I don't know when으로 말하기	언제 ~했는지 모르겠어

- I don't know when jeans got so popular around the world.
  언제 청바지가 전 세계적으로 인기가 많아졌는지 모르겠어.

- I don't know when 4D movies got so popular around the world.
  언제 4D 영화가 전 세계적으로 인기가 많아졌는지 모르겠어.

- I don't know when YouTube got so popular around the world.
  언제 유튜브가 전 세계적으로 인기가 많아졌는지 모르겠어.

who 붙여 말하기	누구냐면

- I am a big fan of the singer who took first place in the audition.
  난 그 오디션에서 일 등을 차지한 가수의 열혈팬이야.

- I am a big fan of the chef who took first place in the audition.
  난 그 오디션에서 일 등을 차지한 셰프의 열혈팬이야.

실전 문장 말하기 연습

- 언제 트로트 음악(trot music)이 한국에서 다시 인기가 많아졌는지 모르겠어.

- 난 오디션에서 일 등을 한 가수들(the singers)의 열혈팬이야.

- It is a little small, though.
  살짝 작긴 하지만 말이야.

- It is a little smelly, though.
  살짝 냄새가 나긴 하지만 말이야.

- It is a little expensive, though.
  살짝 비싸긴 하지만 말이야.

How can we ~?로 말하기 | 어떻게 하면 ~할 수 있을까?

- How can we make people around the world love Korean culture?
  어떻게 하면 전 세계 사람들이 한국 문화를 좋아하게 만들 수 있을까?

- How can we make people around the world love Korean food?
  어떻게 하면 전 세계 사람들이 한국 음식을 좋아하게 만들 수 있을까?

- How can we make people around the world love Hangul?
  어떻게 하면 전 세계 사람들이 한글을 좋아하게 만들 수 있을까?

실전 문장 말하기 연습

- 살짝 올드한(old-fashioned) 스타일이지만 말이야.

- 어떻게 하면 전 세계 사람들이 이런 종류(these kinds of)의 노래를 좋아하게 만들 수 있을까?

1분간 좋아하는 음악과 가수에 대해 말해 보세요.

언제 트로트 음악이 한국에서 다시 인기가 많아졌는지 모르겠어. 트로트 오디션 프로그램이 인기가 많아지면서 사람들이 다시 이 노래들을 좋아하게 된 것 같아. 난 오디션에서 일 등을 한 가수들의 열혈팬이야. 난 트로트 가수들이 노래를 그렇게 잘하는지 몰랐어. 살짝 올드한 스타일이지만 말이야. 지금은 이 음악이 한국에서만 유명하지만, 난 전 세계 사람들이 트로트를 즐겼으면 좋겠어. 어떻게 하면 전 세계 사람들이 이런 종류의 노래를 좋아하게 만들 수 있을까?

_____ _____ _____ _____ trot music got so popular again in Korea. I guess people started to like these songs again because trot audition shows are getting popular. I am _____ _____ _____ of the singers who _____ _____ _____ at the audition. I never knew how well trot singers can sing. It is _____ _____ old-fashioned, _____. Although this music is only famous in Korea, I want people all over the world to enjoy trot. _____ _____ _____ _____ people around the world love these kinds of songs?

1분간 좋아하는 음악과 가수에 대해 말해 보세요.

언제 케이팝이 전 세계적으로 인기가 많아졌는지 모르겠어. 한국 문화가 유행하면서 전 세계가 이 노래들을 사랑하기 시작한 것 같아. 난 빌보드 차트에서 일 등을 했던 BTS의 열혈팬이야. 난 케이팝 가수들의 노래와 춤 실력이 그렇게 뛰어난지 몰랐어. 가사를 알아듣는 게 살짝 어렵지만 말이야. 지금은 이 음악이 어린 친구들에게 유명하지만, 난 전 연령대의 사람들이 케이팝을 즐겼으면 좋겠어. 어떻게 하면 나이 든 사람들도 이런 종류의 노래를 좋아하게 만들 수 있을까?

_____ _____ _____ _____ K-pop got so popular worldwide. I guess the world started to love these songs because Korean culture is getting popular. I am _____ _____ _____ of BTS, who _____ _____ _____ on the Billboard charts. I never knew how well K-pop singers can sing and dance. It is _____ _____ hard for me to hear their lyrics, _____. Although their music is popular among young people now, I want people of all ages to enjoy K-pop. _____ _____ _____ _____ older people enjoy these kinds of songs as well?

단어 및 표현 ··

worldwide 전 세계적으로   Korean culture 한국 문화   lyric 가사   all ages 전 연령대

앞서 나온 실전 말하기 연습 지문의 빈칸을 확인 후 연습해 보세요.

실전 말하기 연습 1

I don't know when trot music got so popular again in Korea. I guess people started to like these songs again because trot audition shows are getting popular. I am a big fan of the singers who took first place at the audition. I never knew how well trot singers can sing. It is a little old-fashioned, though. Although this music is only famous in Korea, I want people all over the world to enjoy trot. How can we make people around the world love these kinds of songs?

실전 말하기 연습 2

I don't know when K-pop got so popular worldwide. I guess the world started to love these songs because Korean culture is getting popular. I am a big fan of BTS, who took first place on the Billboard charts. I never knew how well K-pop singers can sing and dance. It is a little hard for me to hear their lyrics, though. Although their music is popular among young people now, I want people of all ages to enjoy K-pop. How can we make older people enjoy these kinds of songs as well?

앞서 학습한 내용으로 1분간 좋아하는 음악과 가수에 대해 말해 보세요.

예시 1
I love listening to acoustic music on lazy Sunday afternoons while drinking my coffee.
나는 게으름을 피우는 일요일 오후에 커피를 마시면서 어쿠스틱 음악을 듣는 걸 정말 좋아해.

예시 2
I like listening to radio stations that play popular music on my way to work.
나는 회사에 가는 길에 유명한 음악을 틀어 주는 라디오 방송을 듣는 것을 좋아해.

예시 3
Before I had kids, I didn't listen to a lot of music, but now I always play children's songs at home.
아이들이 있기 전에는 음악을 많이 안 들었는데, 지금은 집에서 항상 동요를 틀어 놔.

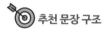

Unit. 13

좋아하는 책, 작가

🎯 추천 문장 구조

both로 말하기	둘 다

- I like **both** t-shirts and jeans.
  나는 티셔츠와 청바지 둘 다 좋아해.

- I like **both** coffee and tea.
  나는 커피와 차 둘 다 좋아해.

- I like **both** jam and cream cheese.
  나는 잼과 크림치즈 둘 다 좋아해.

which로 말하기	어떤 거냐면

- I usually choose clothes **which** the clerk recommends.
  나는 주로 직원이 추천해 주는 옷을 고르는 편이야.

- I usually choose colors **which** my son picks.
  나는 주로 우리 아들이 고르는 색깔을 선택하는 편이야.

- I usually choose vegetables **which** have a long best-before date.
  나는 주로 유통 기한이 긴 채소를 고르는 편이야.

실전 문장 말하기 연습

- 나는 소설과 비소설(fiction and nonfiction) 둘 다 좋아해.

- 나는 주로 SNS상에서(on social media) 인기 있는 에세이를 고르는 편이야.

322

- I went jogging only a few days last month.
  지난달에는 조깅을 며칠밖에 못 갔어.

- I went to the gym only a few days last month.
  지난달에는 헬스장을 며칠밖에 못 갔어.

- I did yoga only a few days last month.
  지난달에는 요가를 며칠밖에 못 했어.

- If only I could solve this problem before I die, I would feel rewarded.
  죽기 전에 이 문제를 해결할 수만 있다면, 보람 있을 것 같아.

- If only I could build my own house, I would feel rewarded.
  내 집을 지을 수만 있다면, 보람 있을 것 같아.

- If only I could read 10,000 books, I would feel rewarded.
  만 권의 책을 읽을 수만 있다면, 보람 있을 것 같아.

실전 문장 말하기 연습

- 지난달에는 에세이를 몇 권밖에(only a few) 못 읽었어.
- 죽기 전에 그 작가들처럼 내 에세이를 출간할 수만 있다면, 보람 있을 것 같아.

1분간 좋아하는 책이나 작가에 대해 말해 보세요.

나는 소설과 비소설 둘 다 좋아해. 나는 서점에 가면 주로 SNS상에서 인기 있는 에세이를 고르는 편이야. 에세이를 읽으면, 공감이 되면서 내 삶에 스트레스받는 일들을 모두 잊을 수 있어. 최근에는 온라인에서 정말 유명한 작가가 쓴 에세이를 읽었어. 지난달에는 에세이를 몇 권밖에 못 읽었지만 이번 달에는 많이 읽으려고 해. 죽기 전에 그 작가들처럼 내 에세이를 출간할 수만 있다면, 보람 있을 것 같아.

I like _____ fiction _____ nonfiction. When I go to the bookstore, I _____ choose essays _____ are popular on social media. As I read the essays, I can feel the same way and forget all the stressful things in my life. Recently, I read an essay by a writer who is very famous online. I read _____ _____ _____ essays last month but I will try to read more this month. _____ _____ I could publish my own essay like the writers _____ I die, I _____ feel rewarded.

bookstore 서점   choose 고르다, 선택하다   social media 소셜미디어, SNS   forget 잊다   stressful 스트레스가 많은   recently 최근에   writer 작가   publish 출간하다   rewarded 보상 받은

1분간 좋아하는 책이나 작가에 대해 말해 보세요.

나는 베스트셀러 책과 일반 책 둘 다 좋아해. 나는 서점에 가면 주로 내 삶에 변화를 일으키도록 도와주는 자기 계발서를 고르는 편이야. 그 책들을 읽으면서, 어떻게 내 삶을 더 좋게 만들지 배울 수 있어. 최근에는 SNS상에서 정말 유명한 작가가 쓴 나쁜 습관을 바꾸는 것에 대한 책을 읽고 있어. 지난달에는 책을 몇 권밖에 못 읽었지만 이번 달에는 많이 읽으려고 해. 책을 읽으면서 내 인생 전체를 바꿀 수만 있다면, 보람 있을 것 같아.

I like _____ best-selling _____ regular books. When I go to the bookstore, I _____ choose self-help books _____ can help me make a difference in my life. As I read the books, I can learn how to make my life better. Recently, I read a book about changing a bad habit by a writer who is very famous on social media. I read _____ _____ _____ books last month but I will try to read many books this month. _____ _____ I could change my whole life by reading books, I _____ feel rewarded.

단어 및 표현

best-selling 베스트셀러의   regular 일반적인   self-help books 자기 계발서
learn 배우다   better 더 좋은   change 바꾸다   habit 습관   whole 전체

앞서 나온 실전 말하기 연습 지문의 빈칸을 확인 후 연습해 보세요.

실전 말하기 연습 1

I like both fiction and nonfiction. When I go to the bookstore, I usually choose essays which are popular on social media. As I read the essays, I can feel the same way and forget all the stressful things in my life. Recently, I read an essay by a writer who is very famous online. I read only a few essays last month but I will try to read more this month. If only I could publish my own essay like the writers before I die, I would feel rewarded.

실전 말하기 연습 2

I like both best-selling and regular books. When I go to the bookstore, I usually choose self-help books which can help me make a difference in my life. As I read the books, I can learn how to make my life better. Recently, I read a book about changing a bad habit by a writer who is very famous on social media. I read only a few books last month but I will try to read many books this month. If only I could change my whole life by reading books, I would feel rewarded.

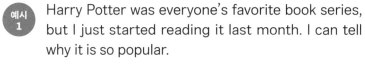

나만의 이야기 만들기

앞서 학습한 내용으로 1분간 좋아하는 책이나 작가에 대해 말해 보세요.

예시 1
Harry Potter was everyone's favorite book series, but I just started reading it last month. I can tell why it is so popular.

해리 포터는 모두가 좋아하는 책 시리즈였지만, 난 지난달부터 막 읽기 시작했어. 왜 이렇게 인기가 많은지 알겠어.

예시 2
Mystery novels are my favorite because I can really imagine the situations like they are really happening.

미스터리 소설은 내가 제일 좋아하는 거야, 왜냐하면 진짜로 일어난 것처럼 그 상황을 상상할 수 있거든.

예시 3
I used to read a lot of books when I was younger, but during university I didn't have a lot of time to read for fun, so I'm trying to read more now.

어렸을 때는 책을 많이 읽었는데, 대학에 다니는 동안은 취미로 책을 읽을 시간이 없었어. 그래서 이제 많이 읽으려고 해.

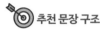

Unit. 14

좋아하는 패션 스타일

🎯 추천 문장 구조

but으로 말하기	하지만

- I am usually hardworking, but I am lazy during the weekend.
  난 주로 부지런하지만, 주말에는 게을러.

- I usually walk, but I drive my car during the weekend.
  난 주로 걸어 다니지만, 주말에는 차를 몰아.

- I usually read books, but I watch TV on the weekend.
  난 주로 책을 읽지만, 주말에는 TV를 봐.

and나 or로 말하기	~와, ~나

- I usually wear a blouse and jeans.
  나는 주로 블라우스와 청바지를 입어.

- I usually wear a coat or a jacket in winter.
  나는 겨울에 주로 코트나 재킷을 입어.

- I usually wear makeup or glasses.
  나는 주로 메이크업을 하거나 안경을 써.

실전 문장 말하기 연습

- 나는 주로 차려입지만(dress up) 주말에는 편하게 입어(dress casually).
- 나는 비즈니스 캐주얼 셔츠와 바지(pants)를 입어.

328

- **One of my friends** is into fashion and knows well which shoes are in style.

  내 친구 중 한 명은 패션에 빠져 있고 어떤 구두가 유행인지 잘 알아.

- **One of my friends** is into movies and knows which movie is the best recently.

  내 친구 중 한 명은 영화에 빠져 있고 최근에 어떤 영화가 제일 괜찮은지 알아.

- **One of my friends** is very motivated and knows which habits are useful.

  내 친구 중 한 명은 아주 의욕적이고 어떤 습관이 유용한지 알아.

- I bring my mom **whenever** I go shopping.

  난 쇼핑을 갈 때마다 엄마를 데려가.

- I bring my husband **whenever** I go to the grocery store.

  난 장을 보러 갈 때마다 남편을 데려가.

- I bring my kids **whenever** I go to the library.

  난 도서관에 갈 때마다 아이들을 데려가.

실전 문장 말하기 연습

- 내 친구 중 한 명은 아주 스타일리시(stylish)하고 어떤 브랜드가 유행인지(in style) 잘 알아.

- 난 쇼핑을 갈 때마다 그녀를 데려가.

1분간 좋아하는 패션 스타일에 대해 말해 보세요.

> 나는 주로 차려입지만, 주말에는 편하게 입어. 나는 일할 때, 비즈니스 캐주얼 셔츠와 바지를 입어. 주말에 친구들과 만날 때는 항상 후드 티나 티셔츠를 입지. 나는 패션 감각이 그렇게 있는 것 같진 않지만 요즘 패션 블로그에 좀 빠져 있어. 내 친구 중 한 명은 아주 스타일리시하고 어떤 브랜드가 유행인지 잘 알아. 그래서 난 쇼핑을 갈 때마다 그녀를 데려가. 난 트렌디하면서도 저렴한 아이템을 사고 싶어.

I _____ dress up, _____ I dress casually during the weekend. When I work, I wear a business casual shirt _____ pants. On the weekend, I always wear hoodie _____ T-shirts while hanging out with my friends. I think that I am not fashionable but I got into fashion blogs recently. _____ _____ my friends is very _____ and knows well _____ brands are _____ _____, so I bring her _____ I go shopping. I would love to buy trendy and cheap items.

단어 및 표현

dress up 차려입다   casually 캐주얼하게, 편하게   pants 바지   hoodies 후드 티
hang out 어울려 다니다   fashionable 패셔너블한, 패션 감각이 있는   stylish 옷을 잘 입는
brand 브랜드, 상표   trendy 트렌디한, 유행하는

1분간 좋아하는 패션 스타일에 대해 말해 보세요.

나는 일하러 갈 때는 주로 차려입지만, 동네에서는 편하게 입어. 나는 일할 때, 정장 바지나 스커트를 입어. 집으로 돌아오면 항상 편안한 옷을 입지. 나는 패션 감각이 그렇게 있는 것 같진 않아서 쇼핑을 가기 전에 뭐가 유행인지 찾아봐. 우리 언니는 아주 스타일리시하고 어떤 옷이 유행인지 잘 알아. 그래서 난 새 옷을 구입할 필요가 있을 때마다 언니의 의견을 물어봐. 난 패션 감각을 보여 줄 수 있으면서도 예쁜 아이템을 사는 걸 선호해.

I _____ dress up when I go to work, _____ I dress casually in my neighborhood. When I work, I wear suit pants _____ skirts. When I'm at home, I always wear comfortable clothes. I think that I am not fashionable, so I search what is in style before I go shopping. My sister is _____ and knows well _____ clothes are _____ _____, so I ask her opinion _____ I need to buy new clothes. I would prefer to buy fashionable and pretty items.

단어 및 표현

neighborhood 동네   suit 정장   pants 바지   comfortable 편안한   search 찾아보다
opinion 의견   pretty 예쁜

앞서 나온 실전 말하기 연습 지문의 빈칸을 확인 후 연습해 보세요.

실전 말하기 연습 1

I **usually** dress up, **but** I dress casually during the weekend. When I work, I wear a business casual shirt **and** pants. On the weekend, I always wear hoodies **or** T-shirts while hanging out with my friends. I think that I am not fashionable but I got into fashion blogs recently. **One of** my friends is very **stylish** and knows well **which** brands are **in style**, so I bring her **whenever** I go shopping. I would love to buy trendy and cheap items.

실전 말하기 연습 2

I **usually** dress up when I go to work, **but** I dress casually in my neighborhood. When I work, I wear suit pants **or** skirts. When I'm at home, I always wear comfortable clothes. I think that I am not fashionable, so I search what is in style before I go shopping. My sister is **stylish** and knows well **which** clothes are **in style**, so I ask her opinion **whenever** I need to buy new clothes. I would prefer to buy fashionable and pretty items.

나만의 이야기 만들기

앞서 학습한 내용으로 1분간 좋아하는 패션 스타일에 대해 말해 보세요.

예시 1
I try to keep a simple and classic style. I buy only good quality clothes that never go out of style.

나는 심플하고 클래식한 스타일을 유지하려고 노력해. 나는 유행을 타지 않는 좋은 품질의 옷만 사.

예시 2
I'm really into fashion and love playing with trends. My friends always tell me that I'm so fashionable.

나는 패션에 정말 빠져 있고 트렌드를 활용하는 것을 좋아해. 내 친구들은 항상 나에게 패셔너블하다고 말해.

예시 3
I collect shoes and have a whole closet just for my collection.

나는 신발을 수집하고 내 소장품을 위한 통 벽장이 있어.

좋아하는 음식이나 맛집

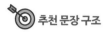 추천 문장 구조

긴 문장 what으로 말하기	~이 무엇인지 맞혀 볼래?

- ## Can you guess what my favorite music is?
  내가 제일 좋아하는 음악이 무엇인지 맞혀 볼래?

- ## Can you guess what my favorite color is?
  내가 제일 좋아하는 색깔이 무엇인지 맞혀 볼래?

- ## Can you guess what my favorite restaurant is?
  내가 제일 좋아하는 식당이 무엇인지 맞혀 볼래?

might로 말하기	아마 ~일 거야

- ## You might like this movie, too.
  너도 아마 이 영화를 좋아할 거야.

- ## You might like this place, too.
  너도 아마 이 장소를 좋아할 거야.

- ## You might like this town as well.
  너도 아마 이 동네를 좋아할 거야.

실전문장 말하기연습

- 내가 제일 좋아하는 음식이 무엇인지 맞혀 볼래?
- 너도 아마 이거(it) 좋아할 거야.

- **I think that chocolate is the best dessert in the world.**

  난 초콜릿이 이 세상 최고의 디저트라고 생각해.

- **I think that coffee is the best drink in the world.**

  난 커피가 이 세상 최고의 음료라고 생각해.

- **I think that pasta is the best food in the world.**

  난 파스타가 이 세상 최고의 음식이라고 생각해.

| He saw me -ing로 말하기 | 그는 내가 ~하고 있는 걸 봤어 |

- **He saw me drinking coffee by myself.**

  그는 내가 혼자 커피를 마시고 있는 걸 봤어.

- **He saw me eating pizza by myself.**

  그는 내가 혼자 피자를 먹고 있는 걸 봤어.

- **He saw me eating kimchi stew by myself.**

  그는 내가 혼자 김치찌개를 먹고 있는 걸 봤어.

실전 문장 말하기 연습

- 난 치킨이 이 세상 최고의 음식이라고 생각해.

- 그는 내가 혼자 먹고 있는 걸 봤어.

1분간 좋아하는 음식이나 맛집에 대해 말해 보세요.

내가 제일 좋아하는 음식이 뭔지 맞혀 볼래? 너도 아마 좋아할 거야. 난 치킨이 이 세상 최고의 음식이라고 생각해. 치킨을 가장 맛있게 먹는 방법이 뭔지 알아? 비 오는 날 혼자 펍에서 치킨을 먹어 봐. 지난주 금요일에 나는 펍에서 치킨 한 마리랑 맥주를 즐기고 있었어. 다음 날 친구가 내가 혼자 먹고 있는 걸 봤다며 왜 혼자 먹었냐고 물어보더라고. 내가 일주일에 적어도 한 번은 혼자 치킨을 먹어야 하는 걸 모르고 말이야. 너도 치킨 좋아해? 네가 제일 좋아하는 음식은 뭐야?

_____ _____ _____ _____ my favorite food is? You _____ like it, _____. I think _____ chicken is the _____ _____ in the world. Do you know the best way to eat chicken? You should eat chicken in a pub by yourself when it's raining. Last Friday, I enjoyed a chicken with a beer in a pub. My friend said he _____ me _____ by myself and asked me the next day why I ate alone. He didn't know that I have to eat chicken alone at least once a week. Do you like chicken as well? What is your favorite food?

단어 및 표현

guess 맞히다   favorite 제일 좋아하는   pub 펍, 술집, 호프집   by myself 나 혼자
the next day 다음 날   at least 적어도   once 한 번

실전 말하기 연습 2

1분간 좋아하는 음식이나 맛집에 대해 말해 보세요.

내가 제일 좋아하는 음식이 무엇인지 맞혀 볼래? 너도 아마 좋아할 거야. 난 떡볶이가 한국 최고의 음식이라고 확신해. 이 근처에 떡볶이를 가장 맛있게 하는 집이 어딘지 알아? 한국 초등학교 바로 앞이야. 지난주 토요일에 그 집에서 떡볶이랑 순대를 먹었거든. 다음 날 단짝 친구가 내가 혼자 먹고 있는 걸 봤다며 왜 혼자 점심을 먹었냐고 물어보더라고. 난 그 집 떡볶이 맛이 너무 좋아서 가끔씩 혼자 점심을 먹으러 가는데 말이지. 너도 떡볶이 좋아해? 네가 제일 좋아하는 음식을 말해 줘.

_____ _____ _____ _____ my favorite food is? You _____ like it _____ _____. I'm sure _____ tteokbokki is the _____ _____ in Korea. Do you know where the best tteokbokki place is around here? It's in front of Hankuk Elementary School. Last Saturday, I had tteokbokki and sundae at that place. My best friend said she _____ me _____ by myself and asked me the next day why I had lunch alone. I really love the taste and sometimes go to that place for lunch alone. Do you like tteokbokki, too? Please tell me your favorite food.

단어 및 표현

place 장소, 음식점   in front of ~ 앞에 있는   taste 맛   alone 혼자

앞서 나온 실전 말하기 연습 지문의 빈칸을 확인 후 연습해 보세요.

실전 말하기 연습 1

Can you guess what my favorite food is? You might like it, too. I think that chicken is the best food in the world. Do you know the best way to eat chicken? You should eat chicken in a pub by yourself when it's raining. Last Friday, I enjoyed a chicken with a beer in a pub. My friend said he saw me eating by myself and asked me the next day why I ate alone. He didn't know that I have to eat chicken alone at least once a week. Do you like chicken as well? What is your favorite food?

실전 말하기 연습 2

Can you guess what my favorite food is? You might like it as well. I'm sure that tteokbokki is the best food in Korea. Do you know where the best tteokbokki place is around here? It's in front of Hankuk Elementary School. Last Saturday, I had tteokbokki and sundae at that place. My best friend said she saw me eating by myself and asked me the next day why I had lunch alone. I really love the taste and sometimes go to that place for lunch alone. Do you like tteokbokki, too? Please tell me your favorite food.

앞서 학습한 내용으로 1분간 좋아하는 음식이나 맛집에 대해 말해 보세요.

예시 1

I remember going to Chinese restaurants often with my family when I was younger. I still love Chinese food.

어릴 때 가족들과 종종 중국 음식점에 갔던 기억이 나. 난 지금도 중국 음식을 좋아해.

예시 2

I can't live without kimchi and rice. I love Korean food more and more as I get older.

난 김치와 밥 없이는 못 살아. 나이가 들면서 한국 음식이 점점 더 좋아져.

예시 3

Since I usually have to eat out at restaurants, I like whatever my mom makes for me at home.

내가 주로 식당에서 외식을 해야 하다 보니, 집에서 엄마가 날 위해 차려 주시는 음식은 다 좋아.

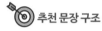

Unit. 16

친한 친구나 지인

🎯 추천 문장 구조

since로 말하기	~한 이후로

- It has been five years since I met her at college.

  그녀를 대학교에서 만난 이후로 5년이 지났어.

- It has been seven years since I met him at the book club.

  그를 책 모임에서 만난 이후로 7년이 지났어.

- It has been two years since I met her at church.

  그녀를 교회에서 만난 이후로 2년이 지났어.

still로 말하기	여전히, 아직도

- We still go to the movies together every week.

  우리는 아직도 매주 영화를 보러 함께 가.

- We still go to the library together every week.

  우리는 아직도 매주 도서관에 함께 가.

- We still go to the gallery together every week.

  우리는 아직도 매주 미술관에 함께 가.

실전문장 말하기 연습

- 그를 중학교에서(back in middle school) 만난 이후로 10년이 지났어.
- 우리는 아직도 매주 헬스장(gym)에 함께 가.

- ## We **have never been** to Europe.
  우리는 유럽에 가 본 적이 없어.

- ## He **has never made** trouble.
  그는 말썽을 피운 적이 없어.

- ## I **have never gone** skiing.
  나는 스키를 타러 가 본 적이 없어.

When did you?로 말하기 | 언제 ~했어?

- ## **When did you** watch the news?
  그 뉴스를 언제 봤어?

- ## **When did you** hear the secret?
  그 비밀을 언제 들었어?

- ## **When did you** go to the doctor?
  병원에 언제 갔어?

실전문장 말하기 연습

- 우리는 크게 싸워 본 적(had a big fight)이 없어.
- 언제 네 친구를 처음 만났어(first meet)?

1분간 친한 친구나 지인에 대해 말해 보세요.

나는 친구가 많아. 내 단짝 친구는 내 가장 오래된 친구이기도 해. 이 친구를 중학교에서 만난 이후로 10년이 지났어. 둘 다 활동적이고 스포츠를 좋아해서 축구 게임에서 친해졌지. 우리는 아직도 매주 헬스장에 함께 가고 매년 겨울마다 스키를 타러 가. 내 친구는 성격이 원만하고 까다롭지 않은 편이야. 우리는 크게 싸워본 적이 없어. 네 단짝 친구는 누구야? 언제 그 친구를 처음 만났어?

I have a lot of friends. My best friend is also my oldest friend. It ＿＿＿ ＿＿＿ ten years ＿＿＿ I met him back in middle school. Both of us are active and love sports, so we became friends at a soccer game. We ＿＿＿ go to a ＿＿＿ every week and go skiing every winter together. He is easygoing and not sensitive. We ＿＿＿ never had a big fight. Who is your best friend? ＿＿＿ ＿＿＿ ＿＿＿ first meet your friend?

단어 및 표현

oldest 가장 오래된   back 거슬러 올라, 옛날   middle school 중학교   active 활동적인
easygoing 원만한   sensitive 예민한, 까다로운   fight 싸움   first 처음으로

1분간 친한 친구나 지인에 대해 말해 보세요.

나는 친구가 많은 편이야. 내 단짝 친구는 고등학생 때부터 친구였어. 학교에서 처음 친구가 된 이후로 15년이 되었어. 둘 다 그림 그리기를 좋아해서 미술 동아리에서 친구가 되었어. 지금은 둘 다 결혼을 했고 아이도 있어. 함께 만나서 놀 시간이 거의 없어서 카톡으로 연락을 하고 있어. 우린 일 년간 만나질 못했어. 그 친구가 너무 보고 싶어. 넌 단짝 친구가 있어? 그 친구들을 가장 최근에 본 게 언제였어?

I have many friends. One of my best friends is from high school. It _____ _____ fifteen years _____ we became friends at school. We enjoyed drawing and painting, so we became friends at the art club. Both of us are married and have a kid now. We don't have time to hang out, but we keep in touch through KakaoTalk. We _____ not met up for a year. I miss her so much. Do you have a best friend? _____ _____ _____ see them last?

단어 및 표현

high school 고등학교   drawing 그리기   painting 칠하기   art club 미술 동아리
hang out 어울려 다니다   keep in touch 연락하다   meet up 만나다

343

앞서 나온 실전 말하기 연습 지문의 빈칸을 확인 후 연습해 보세요.

실전 말하기 연습 1

I have a lot of friends. My best friend is also my oldest friend. It **has been** ten years **since** I met him back in middle school. Both of us are active and love sports, so we became friends at the soccer game. We **still** go to a **gym** every week and go skiing every winter together. He is easygoing and not sensitive. We **have** never had a big fight. Who is your best friend? **When did you** first meet your friend?

실전 말하기 연습 2

I have many friends. One of my best friends is from high school. It **has been** fifteen years **since** we became friends at school. We enjoyed drawing and painting, so we became friends at the art club. Both of us are married and have a kid now. We don't have time to hang out but we keep in touch through KakaoTalk. We **have** not met up for a year. I miss her so much. Do you have a best friend? **When did you** see them last?

앞서 학습한 내용으로 1분간 친한 친구나 지인에 대해 말해 보세요.

예시 1

I met my best friend in kindergarten. We have been living in the same town since we were born.

내 단짝 친구는 유치원 때 친구야. 우리는 태어나서부터 같은 동네에 쭉 살아 왔어.

예시 2

I made a new friend and she is my son's friend's mom. She is nice and talkative. We share how to teach our kids English.

나 새로운 친구를 사귀었는데 아들 친구의 엄마야. 성격이 좋고 수다스러워. 우린 아이들에게 영어를 어떻게 가르칠지에 대해 공유하고 있어.

예시 3

Recently, I don't have a lot of time to meet up with my friends. All of us are married and have kids, so we are too busy.

최근에는 친구들을 만날 시간이 거의 없어. 모두 결혼했고 아이가 있어서, 다들 너무 바빠.

가장 기억나는 여행지

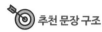 추천 문장 구조

Have you been to로 말하기	~에 가 본 적 있어?

- **Have you been to** Greece?
  그리스에 가 본 적 있어?

- **Have you been to** the 63 Building?
  63빌딩에 가 본 적 있어?

- **Have you been to** the new park?
  새로 생긴 공원에 가 본 적 있어?

단어에 where로 붙여 말하기	I really liked the place where ~

- I really liked the resort **where** I could swim with my family.
  가족들과 함께 수영할 수 있었던 리조트가 정말 좋았어.

- I really liked the restaurant **where** I could have a good meal.
  맛있는 식사를 할 수 있었던 레스토랑이 정말 좋았어.

- I really liked the café **where** I could drink good coffee.
  좋은 커피를 마실 수 있었던 카페가 정말 좋았어.

실전 문장 말하기 연습

- 하와이(Hawaii)에 가 본 적 있어?
- 섬 전체(the whole island)를 볼 수 있는 전망대(the viewing platform)가 정말 좋았어.

- ## The coffee was hot enough for me.
  그 커피는 딱 적당히 뜨거웠어.

- ## The water was warm enough for me.
  그 물은 딱 적당히 따뜻했어.

- ## The room was big enough for me.
  그 방은 나에게 충분히 컸어.

- ## If you want to take a break from your life, the island is the best place.
  일상으로부터 잠시 쉬고 싶다면, 그 섬은 최고의 장소야.

- ## If you want to get away from reality, the island is the best place.
  현실로부터 벗어나고 싶다면, 그 섬은 최고의 장소야.

- ## If you want to take a break from your life, the resort is the best place.
  일상으로부터 잠시 쉬고 싶다면, 그 리조트는 최고의 장소야.

실전 문장 말하기 연습

- 날씨(the weather)가 딱 적당히 시원했어.
- 일상으로부터 잠시 쉬고 싶다면, 하와이는 최고의 장소야.

1분간 가장 기억나는 여행지에 대해 말해 보세요.

가장 기억에 남는 여행은 뭐였어? 난 하와이가 제일 좋았어. 하와이에 가 본 적 있어? 난 가족들과 오아후섬으로 휴가를 갔어. 모든 관광지가 다 좋았지만 섬 전체를 볼 수 있는 전망대가 정말 좋았어. 또 음식이 정말 맛있더라. 새우 푸드 트럭에서 해변을 바라보면서 아침을 먹었던 것은 잊지 못할 거야. 난 더위를 정말 잘 타는데, 여행하는 동안 날씨가 딱 적당히 시원했어. 일상으로부터 잠시 쉬고 싶다면, 하와이는 최고의 장소야.

What was your most memorable trip? Hawaii was my favorite. _____ _____ _____ _____ Hawaii? I went on a vacation to Oahu with my family. I loved all of the tourist spots and _____ _____ _____ the viewing platform _____ I could see the whole island. The food was so good as well. I won't forget having breakfast at a shrimp food truck as we looked at the beach. I get hot very easily, but the weather was cool _____ _____ _____ during the trip. _____ _____ _____ take a break _____ your life, Hawaii is the best place.

단어 및 표현

memorable 기억에 남는   favorite 제일 좋아하는 것   Oahu 오아후섬(하와이의 섬)
tourist spot 관광지   viewing platform 전망대   whole 전체   island 섬
shrimp 새우   get hot easily 더위를 많이 타다   weather 날씨

1분간 가장 기억나는 여행지에 대해 말해 보세요.

> 가장 기억에 남는 여행은 뭐였어? 난 괌이 제일 좋았어. 괌에 가 본 적 있어? 난 가족들과 이 섬으로 휴가를 갔었어. 모든 장소가 다 좋았지만 바비큐를 먹었던 투몬 비치가 정말 좋았어. 또 음식이 정말 맛있더라. 해산물 전문 요리 식당에서 바다를 내려다보면서 저녁을 먹었던 것은 잊지 못할 거야. 난 더위를 정말 잘 타는데 휴가 동안 날씨가 딱 좋았어. 현실로부터 벗어나고 싶다면 괌은 최고의 장소야.

What was your most memorable trip? Guam was my favorite. _____ _____ _____ _____ Guam? I went on a vacation to this island with my family. I loved all of the places and _____ _____ _____ Tumon Beach _____ I had barbecue. The food was so good, too. I won't forget having dinner at a seafood restaurant overlooking the ocean. I get hot very easily, but the weather was good _____ _____ _____ during the vacation. _____ _____ _____ _____ get away _____ reality, Guam is the best place.

앞서 나온 실전 말하기 연습 지문의 빈칸을 확인 후 연습해 보세요.

실전 말하기 연습 1

What was your most memorable trip? Hawaii was my favorite. Have you been to Hawaii? I went on a vacation to Oahu with my family. I loved all of the tourist spots and I really liked the viewing platform where I could see the whole island. The food was so good as well. I won't forget having breakfast at a shrimp food truck as we looked at the beach. I get hot very easily, but the weather was cool enough for me during the trip. If you want to take a break from your life, Hawaii is the best place.

실전 말하기 연습 2

What was your most memorable trip? Guam was my favorite. Have you been to Guam? I went on a vacation to this island with my family. I loved all of the places and I really liked Tumon Beach where I had barbecue. The food was so good, too. I won't forget having dinner at a seafood restaurant overlooking the ocean. I get hot very easily, but the weather was good enough for me during the vacation. If you want to get away from reality, Guam is the best place.

나만의 이야기 만들기

앞서 학습한 내용으로 1분간 가장 기억나는 여행지에 대해 말해 보세요.

예시 1

Two years ago, I went to Fukuoka with my husband. It only took an hour to get there from Seoul. We tried out Japanese restaurants and they were all good.

2년 전에 남편과 후쿠오카에 갔어요. 서울에서 거기까지 가는 데 한 시간밖에 안 걸렸어요. 일본 맛집을 탐방했는데 모두 맛있었어요.

예시 2

My sales department got first place last year, so our team went to Bangkok as a reward vacation.

저희 영업 부서가 작년에 일 등을 해서 저희 팀이 포상 휴가로 방콕을 갔어요.

예시 3

My parents and my family went on a trip to Macau together. It was the first trip with my parents since I got married.

부모님과 가족이 함께 마카오로 여행을 갔어요. 결혼한 후 처음으로 부모님과 함께 가는 여행이었어요.

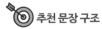

Unit. 18

돈 모아서 꼭 사고 싶은 것

🎯 추천 문장 구조

have been -ing for로 말하기	~해 오고 있어

- I **have been dating** him **for** four years.

  나는 그와 4년째 데이트를 해 오고 있어.

- We **have been working** together **for** ten years.

  우리는 10년째 함께 일을 해 오고 있어.

- He **has been talking** to me **for** 20 minutes.

  그는 20분 동안 나에게 말하고 있어.

enjoy -ing로 말하기	~하는 것을 즐겨

- They **enjoy playing** games.

  그들은 게임하는 것을 즐겨.

- He **enjoys making** YouTube videos.

  그는 유튜브 영상을 만드는 것을 즐겨.

- She **enjoys trying out** new restaurants.

  그녀는 맛집 탐방을 즐겨.

실전문장 말하기 연습

- 난 3개월 동안(three months) 돈을 모으고 있어(save money).
- 난 소설책(novels) 읽는 것을 즐겨.

Do you know which ~?로 말하기	어떤 ~가 ~인지 알아?

- ## Do they know which doctor they should see?
  그들이 어떤 의사를 봐야 하는지 알아?

- ## Does he know which font is the best?
  그는 어떤 폰트가 제일 좋은지 알아?

- ## Does she know which coat is in style?
  그녀는 어떤 코트가 유행인지 알아?

Do you have any friends who ~?로 말하기	~한 친구가 있어?

- ## Do you have any friends who can help me?
  나를 도와줄 수 있는 친구가 있어?

- ## Do you have any friends who live around here?
  여기 근처에 사는 친구가 있어?

- ## Do you have any friends who use this camera?
  이 카메라를 쓰는 친구가 있어?

실전문장 말하기 연습

- 어떤 기기(device)가 제일 좋은지 알아?

- 혹시 이 기기를 쓰는(use this device) 친구가 있어?

1분간 돈을 모아서 꼭 사고 싶은 것에 대해 말해 보세요.

나는 전자책 단말기를 사려고 3개월 동안 돈을 모으고 있어. 나는 다이내믹한 이야기와 드라마틱한 주인공들이 나오는 소설책을 읽는 걸 즐겨. 소설책을 많이 사고 싶은데 책장이 없어서 전자책 단말기를 사기로 결심했어. 어떤 기기가 제일 좋은지 알아? 혹시 이 기기를 쓰는 친구가 있어? 검색도 해 보고 쇼핑도 하러 갈 거야. 넌 충분한 돈이 있으면 뭘 사고 싶어?

I _____ _____ _____ money _____ three months to get an e-book reader. I _____ _____ novels that have a dynamic story and dramatic characters. I would like to buy a lot of novels but I don't have any bookshelves, so I decided to get an e-book reader device. Do you know _____ device is the best? Do you have _____ friends _____ use this device? I will also do some research and go shopping. What would you buy if you had enough money?

단어 및 표현

e-book reader 전자책 단말기   dynamic 다이내믹한, 역동적인   dramatic 드라마틱한, 극적인
character 주인공   bookshelf 책장   device 기기

실전 말하기 연습 2

1분간 돈을 모아서 꼭 사고 싶은 것에 대해 말해 보세요.

> 나는 태블릿 컴퓨터를 사려고 6개월 동안 돈을 모으고 있어. 나는 혼자서 넷플릭스로 영화 보는 것을 좋아해. 영화를 많이 보고 싶은데 영화관에 갈 시간이 없어서 아이패드를 사기로 결심했어. 어떤 태블릿 컴퓨터가 제일 좋은지 알아? 혹시 아이패드를 쓰는 친구가 있어? 온라인에서 검색도 해 보고 매장에도 갈 거야. 넌 충분한 돈이 있으면 뭘 사고 싶어?

I _____ _____ _____ money _____ six months to get a tablet computer. I _____ _____ movies on Netflix by myself. I would like to watch a lot of movies but I don't have time to go to the theater, so I decided to get an iPad. Do you know _____ tablet PC is the best? Do you have _____ friends _____ use an iPad? I will also do some research online and go to the store. What would you buy if you had enough money?

단어 및 표현

tablet computer(PC) 태블릿 컴퓨터　　theater 영화관　　online 온라인에서

앞서 나온 실전 말하기 연습 지문의 빈칸을 확인 후 연습해 보세요.

실전 말하기 연습 1

I **have been saving** money **for** three months to get an e-book reader. I **enjoy reading** novels that have a dynamic story and dramatic characters. I would like to buy a lot of novels but I don't have any bookshelves, so I decided to get an e-book reader device. Do you know **which** device is the best? Do you have **any** friends **who** use this device? I will also do some research and go shopping. What would you buy if you had enough money?

실전 말하기 연습 2

I **have been saving** money **for** six months to get a tablet computer. I **enjoy watching** movies on Netflix by myself. I would like to watch a lot of movies but I don't have time to go to the theater, so I decided to get an iPad. Do you know **which** tablet PC is the best? Do you have **any** friends **who** use an iPad? I will also do some research online and go to the store. What would you buy if you had enough money?

나만의 이야기 만들기

앞서 학습한 내용으로 1분간 돈을 모아서 꼭 사고 싶은 것에 대해 말해 보세요.

예시 1

I have been saving up for three months to get a new computer for my daughter.

딸에게 새로운 컴퓨터를 장만해 주려고 3개월 동안 저축해 오고 있어.

예시 2

I would love to buy a good gift for my parents after I get my first paycheck.

첫 월급을 받은 후에 부모님을 위한 좋은 선물을 사고 싶어.

예시 3

I am going to save up to get Lasik surgery. I can't wear these heavy glasses anymore.

라식 수술을 하기 위해 돈을 모으려고. 이 무거운 안경을 더 이상 쓸 수가 없어.

태어나서 가장 잘한 일

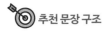 추천 문장 구조

start -ing로 말하기	~하기 시작했다

- I **started wearing** glasses at 15.

  난 15살부터 안경을 쓰기 시작했어.

- I **started learning** English at 10.

  난 10살부터 영어를 배우기 시작했어.

- I **started driving** at 30.

  난 30살부터 차를 몰기 시작했어.

However로 말하기	하지만

- I always carried my medicine. However, I don't need to bring anything now.

  난 항상 약을 들고 다녔어. 하지만 지금은 아무것도 들고 다닐 필요가 없어.

- I used to like her. However, I changed my mind.

  난 그녀를 좋아했었어. 하지만 내 마음을 바꿨어.

실전 문장 말하기 연습

- 난 13살부터 콘택트렌즈(contact lenses)를 끼기 시작했어.
- 항상 인공 눈물(eyedrops)을 들고 다녔어. 하지만 지금은 아무것도 들고 다닐 필요가 없어.

have/has been changed로 말하기	바뀌었다

- # The rule has been changed.
  규칙이 바뀌었어.

- # His life has been changed.
  그의 인생이 바뀌었지.

- # The policy has been changed.
  정책이 바뀌었어.

whether to로 말하기	~일지 아닐지

- # If you don't know whether to take the course, you can ask me.
  그 강좌를 수강해야 할지 말아야 할지 모르겠다면, 나에게 물어봐.

- # If you don't know whether to take the supplement, you can ask me.
  그 보충제를 섭취해야 할지 말아야 할지 모르겠다면, 나에게 물어봐.

- # If you don't know whether to get the surgery, you can ask me.
  그 수술을 받아야 할지 말아야 할지 모르겠다면, 나에게 물어봐.

실전 문장 말하기 연습

- 내 인생(my life)이 바뀌었지.
- 라식 수술을 해야 할지 말아야 할지 모르겠다면, 나에게 물어봐.

1분간 태어나서 가장 잘한 일에 대해 말해 보세요.

> 난 대학생 때 라식 수술을 받았어. 난 13살부터 콘택트렌즈를 끼기 시작했어. 렌즈를 끼면 눈이 건조해져서 항상 인공 눈물을 들고 다녔어. 하지만 수술을 하고 난 지금은 아무것도 들고 다닐 필요가 없어. 인생이 바뀌었지. 아침에 일어났을 때 안경을 찾을 필요도 없어. 비올 때조차도 선명하게 볼 수 있지. 라식 수술을 해야 할지 말아야 할지 모르겠다면, 나에게 물어봐. 내가 어느 병원이 싸고 좋은지 말해 줄게.

I got Lasik surgery in college. I _____ wearing contact lenses _____ 13. The lenses made my eyes dry, so I _____ carried eyedrops. _____, I don't _____ to bring anything now after I got the surgery. My life _____ _____ _____. I don't have to find my glasses when I get up. I can see clearly even when it rains. If you don't know _____ _____ get Lasik surgery, you can _____ _____. I will tell you which clinic is cheap and good.

단어 및 표현

Lasik surgery 라식 수술　　contact lenses 콘택트렌즈　　carry 들고 다니다
eyedrops 인공 눈물　　clearly 선명하게　　clinic 병원

1분간 태어나서 가장 잘한 일에 대해 말해 보세요.

> 난 커피를 끊었어. 난 24살부터 커피에 중독되기 시작했지. 커피를 마시면 목이 건조해지고 심장이 빨리 뛰었어. 하지만 카페인 없이는 일할 수가 없었지. 커피를 끊고 나서 내 인생이 바뀌었어. 아침에 일어났을 때 모닝 커피를 마시지 않아도 괜찮아. 카페인을 섭취하지 않아도 명료하게 생각할 수 있지. 커피를 끊어야 할지 말아야 할지 모르겠다면, 나에게 물어봐. 내가 왜 커피가 너에게 나쁜지 말해 줄게.

I quit drinking coffee. I _____ becoming a coffeeholic at 24. Coffee made my throat dry and my heart race. _____, I couldn't work without caffeine. My life _____ _____ _____ after I quit coffee. I don't have to drink a morning coffee when I get up. I can think clearly even if I don't have any caffeine. If you don't know _____ _____ quit coffee, you can _____ _____. I will tell you why coffee is bad for you.

단어 및 표현

quit 그만두다, 끊다   coffeeholic 커피 중독자   throat 목구멍   heart 심장
race 질주하다, (뇌, 심장 기능이) 빠르게 돌아가다   caffeine 카페인   clearly 명료하게

앞서 나온 실전 말하기 연습 지문의 빈칸을 확인 후 연습해 보세요.

실전 말하기 연습 1

I got Lasik surgery in college. I started wearing contact lenses at 13. The lenses made my eyes dry, so I always carried eyedrops. However, I don't need to bring anything now after I got the surgery. My life has been changed. I don't have to find my glasses when I get up. I can see clearly even when it rains. If you don't know whether to get Lasik surgery, you can ask me. I will tell you which clinic is cheap and good.

실전 말하기 연습 2

I quit drinking coffee. I started becoming a coffeeholic at 24. Coffee made my throat dry and my heart race. However, I couldn't work without caffeine. My life has been changed after I quit coffee. I don't have to drink a morning coffee when I get up. I can think clearly even if I don't have any caffeine. If you don't know whether to quit coffee, you can ask me. I will tell you why coffee is bad for you.

나만의 이야기 만들기

앞서 학습한 내용으로 1분간 태어나서 가장 잘한 일에 대해 말해 보세요.

예시 1

I quit smoking. I decided to quit for my kids. It was very hard for me to change the old habit but I did it.

나 담배 끊었어. 아이들을 위해 담배를 끊기로 결심했었어. 오래된 습관을 바꾸는 게 나에겐 정말 힘들었지만 해냈어.

예시 2

I started studying English two years ago and that changed my life. I could get a better job.

2년 전에 영어 공부를 시작했는데 그게 내 삶을 바꿔 놨어. 더 좋은 직업을 가질 수 있었어.

예시 3

I worked at a big company but I quit that job for my dream. Now I'm happy with my job as a freelancer.

큰 회사에서 일했지만 내 꿈을 위해 그 일을 그만뒀어. 지금은 프리랜서로서의 내 일에 만족해.

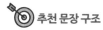

잊히지 않는 추억

🎯 추천 문장 구조

to로 말하기	~로

- I went on a trip **to** Japan with my friends.
  친구들과 일본으로 여행을 갔었어요.

- I went on a tour **to** Italy with my family.
  가족들과 이탈리아로 관광을 갔었어요.

- I went on a vacation **to** Cebu with my wife.
  아내와 세부로 휴가를 갔었어요.

was/were being made로 말하기	~가 만들어지는 중이었어요

- Coffee was being made.
  커피가 만들어지는 중이었어요.

- The house was being built.
  집이 지어지는 중이었어요.

- The bridge was being built.
  다리가 지어지는 중이었어요.

실전 문장 말하기 연습

- 친구들과 유럽으로 배낭여행을 갔었어요(went backpacking).
- 치즈(cheese)가 만들어지는 중이었어요.

- # The memories on this tour will not be forgotten.
  이 관광에서의 추억은 잊히지 않을 거예요.

- # The memories with her will not be forgotten.
  그녀와의 추억은 잊히지 않을 거예요.

- # The memories in the school will not be forgotten.
  학교에서의 추억은 잊히지 않을 거예요.

| yet으로 말하기 | 아직 |

- # I haven't been to Singapore yet.
  저는 아직 싱가포르를 안 가 봤어요.

- # I haven't been to the city yet.
  저는 아직 그 도시를 안 가 봤어요.

- # I haven't been to South America yet.
  저는 아직 남미를 안 가 봤어요.

실전문장 말하기 연습

- 이 여행(on this trip)에서의 추억은 잊히지 않을 거예요.
- 저는 아직 동유럽(Eastern Europe)을 안 가 봤어요.

1분간 잊히지 않는 추억에 대해 말해 보세요.

> 대학 시절에 친구들과 유럽으로 배낭여행을 갔었어요. 유럽에서 제일 좋았던 곳
> 은 네덜란드였어요. 반 고흐 미술관에서 해바라기 작품도 보고 풍차 마을도 가
> 봤죠. 옆에 있던 치즈 공장에서는 치즈가 만들어지는 중이었어요. 암스테르담 공
> 원에서 먹었던 와플도 정말 맛있었고요. 이 여행에서의 추억은 잊히지 않을 거예
> 요. 저는 아직 동유럽을 안 가 봤어요. 다음에 기회가 된다면, 동유럽도 여행해 보
> 고 싶어요.

_____ went backpacking _____ Europe _____ my friends back in college. My favorite place in Europe was the Netherlands. We saw the "Sunflowers" painting in the Van Gogh Museum and visited a windmill village. Cheese was _____ made in a cheese factory next to it. We loved the waffles that we ate in the park in Amsterdam. The memories on this trip _____ not _____ forgotten. I haven't _____ _____ Eastern Europe _____. If I have the chance, I will go on a trip there.

단어 및 표현

backpacking 배낭여행   back in college 대학 시절에   the Netherlands 네덜란드
sunflower 해바라기   Van Gogh 반 고흐   museum 박물관   windmill 풍차
village 마을   factory 공장   waffle 와플   Amsterdam 암스테르담(네덜란드의 수도)
Eastern Europe 동유럽   chance 기회

1분간 잊히지 않는 추억에 대해 말해 보세요.

십 대 때 가족들과 프랑스로 여행을 갔었어요. 프랑스에서 제일 좋았던 도시는 파리였어요. 루브르 박물관에서 모나리자도 봤죠. 노트르담 대성당은 우리가 갔을 때 보수 중이었어요. 에펠탑은 예상했던 것보다 훨씬 더 아름답고 웅장해서 놀라웠죠. 파리의 작은 레스토랑에서 먹었던 달팽이 요리도 정말 맛있었고요. 이 도시에서의 추억은 잊히지 않을 거예요. 저는 아직 독일을 안 가 봤어요. 다음에 기회가 된다면, 그쪽으로 휴가를 떠나고 싶어요.

_____ went on a trip _____ France _____ my family when I was a teenager. My favorite city in France was Paris. We saw the Mona Lisa in the Louvre Museum. Notre Dame was _____ repaired when we went there. The Eiffel Tower was more beautiful and incredible than I expected. We loved the snail dish that we ate in a small restaurant in Paris. The memories in this city _____ not _____ forgotten. I haven't _____ _____ Germany _____. If I have the chance, I will go on a vacation there.

단어 및 표현

teenager 십 대   Mona Lisa 모나리자   Louvre Museum 루브르 박물관
Notre Dame 노트르담 대성당   repair 보수하다, 수리하다   Eiffel Tower 에펠탑
incredible 믿기지 않는, 놀라운, 멋진   expect 예상하다   snail dish 달팽이 요리
Germany 독일

앞서 나온 실전 말하기 연습 지문의 빈칸을 확인 후 연습해 보세요.

실전 말하기 연습 1

I went backpacking to Europe with my friends back in college. My favorite place in Europe was the Netherlands. We saw the "Sunflowers" painting in the Van Gogh Museum and visited a windmill village. Cheese was being made in a cheese factory next to it. We loved the waffles that we ate in the park in Amsterdam. The memories on this trip will not be forgotten. I haven't been to Eastern Europe yet. If I have the chance, I will go on a trip there.

실전 말하기 연습 2

I went on a trip to France with my family when I was a teenager. My favorite city in France was Paris. We saw the Mona Lisa in the Louvre Museum. Notre Dame was being repaired when we went there. The Eiffel Tower was more beautiful and incredible than I expected. We loved the snail dish that we ate in a small restaurant in Paris. The memories in this city will not be forgotten. I haven't been to Germany yet. If I have the chance, I will go on a vacation there.

나만의 이야기 만들기

앞서 학습한 내용으로 1분간 잊히지 않는 추억에 대해 말해 보세요.

예시 1

I went camping with my two sons. We set up the tent and ate ramen together. It was a good time.

제 두 아들과 캠핑을 갔었어요. 함께 텐트를 치고 라면을 먹었죠. 좋은 추억이었어요.

예시 2

My family took a family picture at a professional photographer's studio. We hung the picture up on the wall in the living room.

전문 사진사의 스튜디오에서 가족 사진을 찍었어요. 거실 벽에다가 가족 사진을 걸어 뒀어요.

예시 3

When I went to Jeju Island with my daughters, we rode a horse along the Olle Route. It was so much fun.

제 딸들과 제주도에 갔을 때 올레길을 따라 말을 탔어요. 정말 재밌었어요.

최근 힘들었던 일

 추천 문장 구조

a로 말하기	하나

- I got a pimple on my cheek.

  볼에 여드름이 하나 났어요.

- I got a bruise on my leg.

  다리에 멍이 하나 들었어요.

- I got a scar on my face.

  얼굴에 상처가 하나 났어요.

something으로 말하기	뭔가 (분명히 있는)

- I felt something in my throat.

  목구멍에 뭔가 있는 것처럼 느껴졌어요.

- I felt something in my pocket.

  주머니에 뭔가 있는 것처럼 느껴졌어요.

- I felt something in my ear.

  귀에 뭔가 있는 것처럼 느껴졌어요.

실전 문장 말하기 연습

- 왼쪽 눈꺼풀(my left eyelid)에 다래끼(a stye)가 하나 났어요.
- 눈에(in my eye) 뭔가 있는 것처럼 느껴졌어요.

- ## After I got the surgery, the scar was gone.
  수술을 한 후에 상처가 사라졌어요.

- ## After I took out the trash, the bugs were gone.
  쓰레기를 치운 후에 벌레들이 사라졌어요.

- ## After I took out the trash, the smell was gone.
  쓰레기를 치운 후에 냄새가 사라졌어요.

| the reason why로 말하기 | 왜 그랬는지 그 이유 |

- ## I still don't know the reason why I got the scar.
  상처가 왜 났는지 그 이유를 아직도 모르겠어요.

- ## I still don't know the reason why I got the bruise.
  멍이 왜 들었는지 그 이유를 아직도 모르겠어요.

- ## I still don't know the reason why I made a mistake.
  실수를 왜 했는지 그 이유를 아직도 모르겠어요.

- 수술을 한 후에 다래끼가 사라졌어요.

- 다래끼가 왜 났는지 아직도 그 이유를 모르겠어요.

371

1분간 최근 힘들었던 일에 대해 말해 보세요.

지난달에 왼쪽 눈꺼풀에 다래끼가 하나 났어요. 처음엔 눈에 뭔가 있는 것처럼 느껴졌고 핸드폰을 볼 때마다 정말 아팠어요. 사람들이 저에게 눈이 왜 그러냐고 물어봤죠. 눈에 얼음 찜질을 했는데도 좋아지질 않았어요. 안과에 갔더니 "무조건 수술하셔야 돼요."라고 하더라고요. 제가 지금까지 받아 본 것 중 가장 아픈 수술이었어요. 왜냐하면 바늘로 다래끼를 찔렀거든요. 수술을 한 후에 다래끼가 사라졌어요. 다래끼가 왜 났는지 아직도 그 이유를 모르겠어요.

Last month, I got _____ _____ on _____ left eyelid. At first, I felt _____ in my eye and whenever I looked at my phone, it really hurt. People asked me what was wrong with my eye. Even though I put an ice pack on my eye, it didn't get better. When I went to the eye doctor, he said, "You must have surgery." It was the most painful surgery ever because he poked the stye with a needle. _____ _____ _____ the surgery, the stye was _____. I _____ don't know the reason _____ I got the stye.

단어 및 표현

last month 지난달   stye 다래끼   left 왼쪽   eyelid 눈꺼풀   hurt 아프다
put an ice pack on 얼음 찜질을 하다   eye doctor 안과 의사   surgery 수술
painful 고통스러운   poke 찌르다   needle 바늘

1분간 최근 힘들었던 일에 대해 말해 보세요.

지난달에 목에 혹이 하나 났어요. 처음엔 목에 뭔가 있는 것처럼 느껴졌고 목을 스트레칭할 때마다 정말 아팠어요. 사람들이 저보고 목이 왜 그러냐고 물어봤죠. 그 부분에 얼음 찜질을 했는데도 좋아지질 않았어요. 병원에 갔더니 "무조건 수술하셔야 돼요."라고 하더라고요. 제가 지금까지 받아 본 것 중 가장 아픈 수술이었어요. 왜냐하면 칼로 혹을 제거했거든요. 수술을 한 후에 혹이 사라졌어요. 혹이 왜 났는지 아직도 그 이유를 모르겠어요.

Last month, I got _____ _____ on _____ neck. At first, I felt _____ on my neck and whenever I stretched my neck, it really hurt. People asked me what was wrong with my neck. Even though I put an ice pack on the spot, it didn't get better. When I went to the doctor, she said, "You must have surgery." It was the most painful surgery ever because she removed my lump with a knife. _____ _____ _____ the surgery, the lump was _____. I _____ don't know the reason _____ I got the lump.

단어 및 표현

lump 혹   neck 목   stretch 늘이다   spot 부분   remove 제거하다   knife 칼

앞서 나온 실전 말하기 연습 지문의 빈칸을 확인 후 연습해 보세요.

실전 말하기 연습 1

Last month, I got <u>a stye</u> on <u>my</u> left eyelid. At first, I felt <u>something</u> in my eye and whenever I looked at my phone, it really hurt. People asked me what was wrong with my eye. Even though I put an ice pack on my eye, it didn't get better. When I went to the eye doctor, he said, "You must have surgery." It was the most painful surgery ever because he poked my stye with a needle. <u>After I got</u> the surgery, the stye was <u>gone</u>. I <u>still</u> don't know the reason <u>why</u> I got the stye.

실전 말하기 연습 2

Last month, I got <u>a lump</u> on <u>my</u> neck. At first, I felt <u>something</u> on my neck and whenever I stretched my neck, it really hurt. People asked me what was wrong with my neck. Even though I put an ice pack on the spot, it didn't get better. When I went to the doctor, she said, "You must have surgery." It was the most painful surgery ever because she removed my lump with a knife. <u>After I got</u> the surgery, the lump was <u>gone</u>. I <u>still</u> don't know the reason <u>why</u> I got the lump.

나만의 이야기 만들기

앞서 학습한 내용으로 1분간 최근 힘들었던 일에 대해 말해 보세요.

예시 1

I lost my phone last week. All of my photos and videos are gone. I tried to search for where my phone could be, but I couldn't find it.

지난주에 제 핸드폰을 잃어버렸어요. 제 모든 사진과 영상이 없어졌죠. 핸드폰이 어디 있는지 위치 추적을 하려고 했지만 찾을 수가 없었어요.

예시 2

I fought with my wife last weekend. I feel bad and want to say sorry to her.

지난 주말에 아내와 싸웠어요. 마음도 안 좋고 아내에게 사과하고 싶어요.

예시 3

I didn't pass the civil service exam this year, so I can't take a break yet. I need to try again next year.

지난 공무원 시험에 통과하지 못해서 아직 쉴 수가 없어요. 내년에 다시 도전해야 해요.

최근 가장 고민하는 일

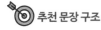 추천 문장 구조

as로 말하기	~하면서

- As I'm getting older, I'm more comfortable being alone.
  난 나이가 들수록 혼자 있는 게 더 편해.

- As I'm getting older, I'm more emotional.
  난 나이가 들수록 감정이 더 격해져.

- As we're getting older, we're more beautiful.
  우리는 나이가 들수록 더 아름다워져.

although로 말하기	~인데도

- Although I sleep eight hours a day, I feel tired.
  하루에 8시간을 자는데도 피곤해.

- Although I drink only water, I keep gaining weight.
  물만 마시는데도 자꾸 살이 쪄.

- Although I don't want to talk to her, she keeps calling me.
  그녀와 말하고 싶지 않은데도 그녀는 나에게 자꾸 전화를 해.

실전 문장 말하기 연습

- 나이가 들면서 살이 찌는 것 같아(I feel I put on more weight).
- 많이 안 먹는데도(I don't eat very much) 자꾸 살이 쪄.

- I will not have beer anymore.
  더 이상 맥주를 마시지 말아야겠어.

- I will not drink coffee anymore.
  더 이상 커피를 마시지 말아야겠어.

- I will not smoke anymore.
  더 이상 담배를 피우지 말아야겠어.

whether to로 말하기 | ~일지 아닐지

- I have to decide whether to see her.
  그녀를 볼지 말지 결정해야겠어.

- I have to decide whether to learn to drive.
  운전을 배울지 말지 결정해야겠어.

- I have to decide whether to get a job.
  직업을 구할지 말지 결정해야겠어.

- 더 이상 야식(a late night meal)을 먹지 말아야겠어.
- 헬스장을 다닐지(go to the gym) 말지 결정해야겠어.

1분간 최근 가장 고민하는 일에 대해 말해 보세요.

나이가 들면서 별 이유 없이 살이 찌는 것 같아. 많이 안 먹는데도 자꾸 살이 쪄. 체중이 쉽게 느는 것 같은 느낌이야. 예전에 입던 옷을 입을 수가 없어. 가장 입고 싶은 옷들을 못 입으니까 자신감이 많이 없어. 가끔 TV를 보면서 야식도 먹으니 무조건 살이 찔 수밖에 없었지. 더 이상 야식을 먹지 말아야겠어. 다음 달부터 헬스장을 다닐지 말지 결정해야겠어.

_____ I'm getting _____, I feel I put on more weight without any reason. _____ I don't eat very much, I keep gaining weight. I feel as though I gain weight easily. I can't wear the clothes which I wore before. I don't have much confidence since I can't wear my favorite clothes. I sometimes have a late night snack while watching TV and that must make me put on weight. I _____ _____ have a late night meal _____. I _____ to decide _____ _____ go to the gym next month.

단어 및 표현

put on weight 살이 찌다   without ~ 없이   reason 이유   gain weight 살이 찌다
wear(wore) 입(었)다   clothes 옷   confidence 자신감   late night snack/meal 야식

실전 말하기 연습 2

1분간 최근 가장 고민하는 일에 대해 말해 보세요.

> 나이가 들면서 별 이유 없이 종종 피곤함을 느껴. 매일 일고여덟 시간을 자는데
> 도 아침에 몸이 무거워. 점점 허약해지는 기분이야. 회사에서 명료하고 빠르게
> 생각할 수가 없어. 발표에서 실수를 많이 한 이후로 자신감이 별로 없어. 가끔 아
> 침이나 점심을 건너뛰고 하루에 커피를 5잔씩 마시니 무조건 허약해질 수밖에
> 없었지. 더 이상 식사를 건너뛰지 말아야겠어. 매일 아침 조깅을 할지 말지 결정
> 해야겠어.

_____ I'm getting _____, I feel tired often without any reason. _____ I sleep seven to eight hours every day, I feel my body is heavy in the morning. I feel as though I am getting weak. I can't think clearly or quickly at work. I don't have much confidence since I made a lot of mistakes in a presentation. I sometimes skip breakfast or lunch and have five cups of coffee every day and that must make me weaker. I _____ _____ skip meals _____. I _____ to decide _____ _____ go jogging every morning.

단어 및 표현

tired 피곤한   heavy 무거운   weak 허약한   clearly 명료하게   quickly 빠르게
presentation 프레젠테이션, 발표   skip 건너뛰다

앞서 나온 실전 말하기 연습 지문의 빈칸을 확인 후 연습해 보세요.

실전 말하기 연습 1

As I'm getting older, I feel I put on more weight without any reason. Although I don't eat very much, I keep gaining weight. I feel as though I gain weight easily. I can't wear the clothes which I wore before. I don't have much confidence since I can't wear my favorite clothes. I sometimes have a late night snack while watching TV and that must make me put on weight. I will not have a late night meal anymore. I have to decide whether to go to the gym next month.

실전 말하기 연습 2

As I'm getting older, I feel tired often without any reason. Although I sleep seven to eight hours every day, I feel my body is heavy in the morning. I feel as though I am getting weak. I can't think clearly or quickly at work. I don't have much confidence since I made a lot of mistakes in a presentation. I sometimes skip breakfast or lunch and have five cups of coffee every day and that must make me weaker. I will not skip meals anymore. I have to decide whether to go jogging every morning.

나만의 이야기 만들기

앞서 학습한 내용으로 1분간 최근 가장 고민하는 일에 대해 말해 보세요.

예시 1 I don't know what my dream is. I want to get a job that I really like. Do you know which job will be good in the future?

내 꿈이 뭔지 모르겠어. 내가 정말 좋아하는 직업을 갖고 싶거든. 미래에는 어떤 직업이 전망이 있을지 알아?

예시 2 I don't want to move at all. I don't know why I'm so lazy lately.

움직이기조차 싫어. 요즘 왜 이렇게 게으른지 모르겠어.

예시 3 I wonder whether I should quit this job or not. I would love to find a new job, but I can't decide what to do now.

이 일을 그만둘지 말지 모르겠어. 새로운 일자리를 정말 구하고 싶은데 지금 뭐를 해야 할지 결정을 못하겠어.

> **Unit. 23**

나를 힘들게 하는 사람

🎯 추천 문장 구조

keep -ing로 말하기	계속 ~해요

- ## My neighbor keeps parking in front of my house.
  제 이웃이 계속 저희 집 앞에 주차를 해요.

- ## My neighbor keeps making noise.
  제 이웃이 계속 시끄럽게 해요.

- ## My neighbor keeps yelling at me.
  제 이웃이 계속 저에게 소리를 질러요.

even at 10 pm으로 말하기	밤 10시에도

- ## She plays the piano even at 10 pm.
  그녀는 밤 10시에도 피아노를 쳐요.

- ## He goes jogging even at 10 pm.
  그는 밤 10시에도 조깅을 해요.

- ## He does his chores even at 10 pm.
  그는 밤 10시에도 집안일을 해요.

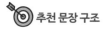

실전문장 말하기 연습

- 제 이웃들이 저를 계속 힘들게(bother me) 해요.

- 그들은 밤 10시에도 청소기를 돌려요(do the vacuuming).

don't/doesn't로 말하기 | ~하지 않아요

- He **doesn't** take care of his skin.

  그는 본인의 피부를 신경 쓰지 않아요.

- He **doesn't** take care of his health.

  그는 본인의 건강을 신경 쓰지 않아요.

- They **don't** take care of their cat.

  그들은 본인 고양이를 신경 쓰지 않아요.

I would hate to로 말하기 | ~싫어요, ~하고 싶지 않아요

- I would hate to hurt his feelings.

  그의 기분을 상하게 하고 싶지 않아요.

- I would hate to waste time.

  시간을 낭비하고 싶지 않아요.

- I would hate to lose her.

  그녀를 잃고 싶지 않아요.

실전문장 말하기 연습

- 그들은 본인 개들을 신경 쓰지 않아요.

  - 이 아파트에서 계속 살고(keep living in this apartment) 싶지 않아요.

1분간 나를 힘들게 하는 사람에 대해 말해 보세요.

> 최근 제 이웃들이 저를 계속 힘들게 해요. 윗집이 밤에도 너무 시끄럽거든요. 그 집은 밤 10시에도 청소기를 돌리고 개들이 계속 짖어요. 그 사람들은 본인이 키우는 개들을 신경 쓰지 않아요. 소음이 심해서 전 집에서 편히 쉴 수가 없어요. 윗집이 계속 시끄럽다면 이 아파트에서 계속 살고 싶지 않아요. 어떻게 해야 밤에 그들을 조용하게 만들 수 있을까요?

Recently, my neighbors _____ bothering me. My upstairs neighbors make too much noise at night. They do the vacuuming _____ at 10 pm and their dogs bark a lot. They _____ take care of their dogs. I can't take a break and relax at home because they make noise a lot. I _____ _____ _____ keep living in this apartment if they keep making noise. How can I make them be quiet at night?

1분간 나를 힘들게 하는 사람에 대해 말해 보세요.

최근 제 옆집 이웃이 저희 가족을 계속 힘들게 해요. 밤중에도 너무 시끄럽거든요. 그 집은 밤 10시에도 TV를 켜고 라디오를 시끄럽게 틀어 놓고 아이들은 계속 뛰어요. 그 사람들은 본인 아이들을 신경 쓰지 않아요. 소음이 심해서 전 제 방에서 편히 쉴 수가 없어요. 절 힘들게 하는 걸 멈추지 않는다면 이 집에서 계속 살고 싶지 않아요. 어떻게 해야 그들을 집에서 조용히 있게 만들 수 있을까요?

Recently, my next door neighbors _____ bothering my family. They make too much noise during the night. They turn on the TV and play the radio loudly _____ at 10 pm and their kids jump a lot. They _____ take care of their kids. I can't take a break and relax in my room because they are too noisy. I _____ _____ _____ keep living in this house if they don't stop bothering me. How can we make them stay quiet in their house?

단어 및 표현

next door 옆집   turn on 켜다   loudly 시끄럽게   stay ~인 채로 유지하다

앞서 나온 실전 말하기 연습 지문의 빈칸을 확인 후 연습해 보세요.

💡 실전 말하기 연습 1

Recently, my neighbors keep bothering me. My upstairs neighbors make too much noise at night. They do the vacuuming even at 10 pm and their dogs bark a lot. They don't take care of their dogs. I can't take a break and relax at home because they make noise a lot. I would hate to keep living in this apartment if they keep making noise. How can I make them be quiet at night?

💡 실전 말하기 연습 2

Recently, my next door neighbors keep bothering my family. They make too much noise during the night. They turn on the TV and play the radio loudly even at 10 pm and their kids jump a lot. They don't take care of their kids. I can't take a break and relax in my room because they are too noisy. I would hate to keep living in this house if they don't stop bothering me. How can we make them stay quiet in their house?

앞서 학습한 내용으로 1분간 나를 힘들게 하는 사람에 대해 말해 보세요.

예시 1
After I moved to the marketing department, my new boss started bothering me.

마케팅 부서로 옮긴 후, 제 새로운 상사가 저를 괴롭히기 시작했어요.

예시 2
My younger sister makes me crazy because she takes my makeup and clothes without telling me.

제 여동생이 저를 미치게 해요, 제 화장품과 옷을 말하지 않고 가지고 가거든요.

예시 3
My neighbor doesn't clean up after his dog in front of my house, so I have to do it. I really hate that.

제 이웃은 본인의 개가 저희 집 앞에 똥을 싸도 치우질 않아서 제가 해야 해요. 진짜 싫어요.

Unit. 24

올해 꼭 이루고 싶은 것

 **추천 문장 구조**

want to로 말하기	~하길 원해, ~하고 싶어

- I **want to** get a new car this year.

  올해는 차를 새로 뽑고 싶어.

- I **want to** buy my own house this year.

  올해는 내 집 장만을 하고 싶어.

- I **want to** get a job this year.

  올해는 취업하고 싶어.

What + 동사?로 말하기	무엇이 ~할까?

- **What makes** me happy?

  무엇이 나를 행복하게 만들까?

- **What made** me angry?

  무엇이 나를 화나게 만들었지?

- **What makes** me special?

  무엇이 나를 특별하게 만들까?

실전문장 말하기 연습

- 올해는 영어를 더 잘하면(speak English better) 좋겠어.

- 무엇이 내게 동기 부여(motivated)가 될까?

388

- ## I'm getting fat.
  나는 점점 살이 찌고 있어.

- ## I'm getting old.
  나는 점점 나이 들어가고 있어.

- ## I'm getting jealous.
  나는 점점 질투가 나고 있어.

by(기한)와 until(연속)로 말하기 | ~까지

- ## I will finish my report by the end of this week.
  이번 주말까지 리포트를 끝낼 거야.

- ## We will finish our project by the end of this month.
  이번 달 말까지 우리 프로젝트를 끝낼 거야.

- ## I am going to take the course until the end of this year.
  올해 말까지 이 코스를 계속 수강하려고 해.

실전 문장 말하기 연습

- 나는 매일 조금씩(day by day) 나아지고(better) 있어.
- 올해 말까지 계속 영어를 연습하려고(practice) 해.

1분간 올해 꼭 이루고 싶은 것에 대해 말해 보세요.

올해는 영어를 더 잘하면 좋겠어. 나는 몇 년간 영어 공부를 꾸준히 해 오는 중이야. 시간이 날 때마다 영어 말하기 연습을 위해 책과 유튜브 영상으로 공부하고 있어. 일이 늦게 끝났을 때는, 다음 날 아침 일찍 일어나서 못한 부분을 따라잡기도 해. 무엇이 내게 동기 부여가 될까? 나는 내 삶이 점점 좋아지면 좋겠어. 변명을 하지 않고 성장을 하고 싶어. 나는 매일 조금씩 나아지고 있어. 올해 말까지 계속 영어를 연습하려고 해.

I _____ _____ speak English better this year. I have been studying English for years. Whenever I have time, I study English with books and YouTube videos to practice speaking. When I finish work late, I wake up earlier the next morning to catch up. _____ makes _____ motivated? I want my life to be better. I don't want to make excuses but make improvements. I _____ _____ better day by day. I am going to practice English _____ the end of _____ _____.

단어 및 표현

this year 올해   for years 몇 년간   practice 연습하다   catch up 따라잡다
motivated 동기 부여된   improvement 성장   day by day 매일 조금씩
the end of this year 올해 말

실전 말하기 연습 2

1분간 올해 꼭 이루고 싶은 것에 대해 말해 보세요.

올해는 책을 많이 읽으면 좋겠어. 나는 몇 년간 책을 꾸준히 읽어 왔어. 시간이 날 때마다 업무를 위한 마케팅과 비즈니스 서적을 읽고 있어. 일이 늦게 끝난 날은 집에 가는 동안 오디오북을 듣기도 해. 무엇이 내가 매일 책을 읽도록 만들까? 나는 내 삶을 의미 있게 만들고 싶어. 책을 읽기에는 너무 바쁘다고 말하면서 변명을 하고 싶지 않아. 나는 매일 조금씩 책으로부터 배워. 올해 말까지 30권의 책을 읽으려고 계획하고 있어.

I _____ _____ read lots of books this year. I have been reading many books for years. Whenever I have time, I read marketing and business books for work. When I finish work late, I listen to audio books while I'm going home. _____ makes _____ read books every day? I would like my life to be meaningful. I don't want to make excuses saying I'm too busy to read books. I _____ from books day by day. I plan to read 30 books _____ the end of _____ _____ .

단어 및 표현

business book 비즈니스 서적   audio book 오디오북   meaningful 의미 있는
excuse 변명

앞서 나온 실전 말하기 연습 지문의 빈칸을 확인 후 연습해 보세요.

실전 말하기 연습 1

I want to speak English better this year. I have been studying English for years. Whenever I have time, I study English with books and YouTube videos to practice speaking. When I finish work late, I wake up earlier the next morning to catch up. What makes me motivated? I want my life to be better. I don't want to make excuses but make improvements. I am getting better day by day. I am going to practice English until the end of this year.

실전 말하기 연습 2

I want to read lots of books this year. I have been reading many books for years. Whenever I have time, I read marketing and business books for work. When I finish work late, I listen to audio books while I'm going home. What makes me read books every day? I would like my life to be meaningful. I don't want to make excuses saying I'm too busy to read books. I learn from books day by day. I plan to read 30 books by the end of this year.

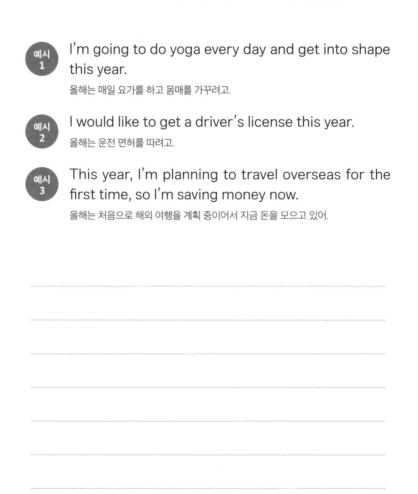

나만의 이야기 만들기

앞서 학습한 내용으로 1분간 올해 꼭 이루고 싶은 것에 대해 말해 보세요.

예시
1
I'm going to do yoga every day and get into shape this year.

올해는 매일 요가를 하고 몸매를 가꾸려고.

예시
2
I would like to get a driver's license this year.

올해는 운전 면허를 따려고.

예시
3
This year, I'm planning to travel overseas for the first time, so I'm saving money now.

올해는 처음으로 해외 여행을 계획 중이어서 지금 돈을 모으고 있어.

평생 꼭 이루고 싶은 것

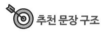 추천 문장 구조

any로 말하기	혹시 ~ 있어요?

- ## Do you have any dreams?
  혹시 꼭 이루고 싶은 꿈이 있어요?

- ## Do you have any plans?
  혹시 계획이 있어요?

- ## Do you have any pets?
  혹시 반려동물이 있어요?

One of my life goals로 말하기	인생 목표 중 하나는

- ## One of my life goals is to run in a marathon.
  인생 목표 중 하나는 마라톤을 하는 거예요.

- ## One of my life goals is to speak on stage.
  인생 목표 중 하나는 무대에서 연설하는 거예요.

- ## One of my life goals is to live with work-life balance.
  인생 목표 중 하나는 워라밸을 지키며 사는 거예요.

실전 문장 말하기 연습

- 인생에서 꼭 이루고 싶은 목표(goals in life)가 있나요?

- 그들의 인생 목표 중 하나는 세계 일주(travel around the world)를 하는 거예요.

- I need to look up **how to** make a reservation for the hotel.

  그 호텔을 어떻게 예약하는지 검색해 봐야겠어요.

- I need to look up **how to** make an appointment with him.

  그와 어떻게 약속을 잡는지 검색해 봐야겠어요.

- I need to look up **how to** make the sauce.

  어떻게 그 소스를 만드는지 검색해 봐야겠어요.

| who will I be ~?로 말하기 | 전 어떤 사람이 될까요? |

- Who will I be after I publish my essay?

  제 에세이를 출간하고 나면 전 어떤 사람이 될까요?

- Who will I be after I publish my novel?

  제 소설을 출간하고 나면 전 어떤 사람이 될까요?

- Who will I be after I travel around the world?

  전 세계를 여행하고 나면 전 어떤 사람이 될까요?

실전 문장 말하기 연습

- 세계 일주를 계획하려면 어떻게 시작해야 할지(start planning a world trip) 검색해 봐야겠어요.

- 지구를 여행하고 나면(travel around the earth) 전 어떤 사람이 될까요?

실전 말하기 연습 1

1분간 평생 꼭 이루고 싶은 것에 대해 말해 보세요.

인생에서 꼭 이루고 싶은 목표가 있나요? 많은 사람들이 인생 목표 중 하나로 세계 일주를 말해. 세계 일주에 도전한 친구가 있는데요. 그 친구는 가족들과 함께 일 년간 많은 따뜻한 나라들로 여행을 다녔어요. 블로그에 그 이야기를 글로 쓰고 싶다고 하더라고요. 저도 제 친구처럼 세계 일주에 도전하고 싶어요. 세계 일주를 계획하려면 어떻게 시작해야 할지 검색해 봐야겠어요. 비용이 얼마나 들지도 궁금하고요. 지구를 여행하고 나면 전 어떤 사람이 될까요? 언젠가 저도 꼭 해 볼 거예요!

Do you have _____ _____ in _____? Many people say one of their _____ _____ is to travel _____ _____ _____. I have a friend who tried traveling around the world. He went away with his family to many warm countries for a year. He said he would like to write his stories on his blog. I want to try to travel like him. I _____ to look up _____ _____ start planning a world trip. I wonder how much it will cost. Who _____ _____ _____ after I travel _____ the earth? One day I will do it too!

단어 및 표현

travel around the world 세계 일주를 하다   warm country 따뜻한 나라   world trip 세계 일주   earth 지구

1분간 평생 꼭 이루고 싶은 것에 대해 말해 보세요.

꼭 이루고 싶은 꿈이 있나요? 많은 사람들이 인생 목표 중 하나로 책을 쓰는 것을 말해요. 책을 출간한 친구가 있는데요. 그 친구는 2기 암에 걸렸었지만 요가를 하고 건강한 끼니를 먹으면서 극복했어요. 블로그에 그 이야기를 쓰고 싶어 했고 마침내 책을 냈어요. 저도 제 친구처럼 책 쓰기에 도전하고 싶어요. 어떻게 출판사에 연락해야 할지 검색해 봐야겠어요. 기간이 얼마나 걸릴지도 궁금하고요. 책을 출간하고 나면 전 어떤 사람이 될까요? 언젠가 저도 꼭 베스트셀러 작가가 될 거예요!

Do you have ＿＿＿ ＿＿＿? Many people say one of their ＿＿＿ ＿＿＿ is to write ＿＿＿ ＿＿＿. I have a friend who published a book. She had stage-two cancer but got through it doing yoga and having healthy meals. She loved writing her stories on her blog and finally her book came out. I want to try to write a book like her. I ＿＿＿ to look up ＿＿＿ ＿＿＿ contact the publisher. I wonder how long it will take. Who ＿＿＿ ＿＿＿ ＿＿＿ after I publish my ＿＿＿? One day I will be a best-selling writer!

단어 및 표현

publish 출간하다   stage-two cancer 2기 암   get through 극복하다   healthy meal 건강한 끼니   contact 접촉하다   publisher 출판사   best-selling writer 베스트셀러 작가

앞서 나온 실전 말하기 연습 지문의 빈칸을 확인 후 연습해 보세요.

실전 말하기 연습 1

Do you have **any goals** in **life**? Many people say one of their **life goals** is to travel **around the world**. I have a friend who tried traveling around the world. He went away with his family to many warm countries for a year. He said he would like to write his stories on his blog. I want to try to travel like him. I **need** to look up **how to** start planning a world trip. I wonder how much it will cost. Who **will I be** after I travel **around** the earth? One day I will do it too!

실전 말하기 연습 2

Do you have **any dreams**? Many people say one of their **life goals** is to write **a book**. I have a friend who published a book. She had stage-two cancer but got through it doing yoga and having healthy meals. She loved writing her stories on her blog and finally her book came out. I want to try to write a book like her. I **need** to look up **how to** contact the publisher. I wonder how long it will take. Who **will I be** after I publish my **book**? One day I will be a best-selling writer!

나만의 이야기 만들기

앞서 학습한 내용으로 1분간 평생 꼭 이루고 싶은 것에 대해 말해 보세요.

예시 1
One of my life goals is to have my own coffee shop.
제 인생 목표 중에 하나는 제 커피숍을 갖는 거예요.

예시 2
I wish I could be a star YouTuber who has a million subscribers.
백만 구독자가 있는 스타 유튜버가 될 수 있으면 좋겠어요.

예시 3
I would love to live in a huge house with a garden and a pool before I die.
죽기 전에 정원과 수영장이 딸린 대저택에 살고 싶어요.